# 부부!
## 그 거룩한
## 노화

● 정홍기 지음

# 부부!
# 그 거룩한
# 노화

좋은땅

# 머 리 말

이제 산수(傘壽)의 나이를 지나고 보니 노화에 대한 관심이 점점
더 높아져 가고 있다. 특히 부부의 평균수명과 건강수명에 대한 생
각이 더욱 깊어지고 있다. 그 어느 때보다 기나긴 고령기를 보내
야 하는 나와 아내는 어떻게 나이 들어야 할지에 대한 정답을 탐색
하고 노력하는 대화가 부쩍 많아지고 있다. 특히 부부가 함께하는
시간이 길어짐에 따라 노후를 둘이서 어떻게 살아갈 것인가? 하는
물음에 대한 해답은 우리처럼 고령기에 접어 들어가는 부부에게는
절체절명의 과제이다. 이런 과제를 풀기 위하여 그동안 노년 관련
자료와 서책을 찾게 되었고 그를 집중적으로 탐독해 왔다. 그 과정
에서 수집한 자료를 체계적으로 정리하여, 특히 경로당과 노인대
학을 중심으로 '건강·장수의 길'이라는 주제를 가지고 강의를 해
왔다.

작금의 경로당 시설은 점점 고급화되어 가고 있다. 그에 비해 경
로당이 고령자의 거룩한 노화(HOLY AGE)를 위한 평생학습장으
로써 기능은 매우 더디게 진행되고 있다.

특히 노년기 부부들이 어떻게 늙을 것인가? 어떻게 늙어 가야 하
는가? 하는 바른 지식과 지혜를 가르치고 배우는 기회가 그렇게

적극적으로 이루어지는 상황은 아니다. 노화에 대한 이해는 생물학적, 의학적, 심리학적, 사회학적인 학제적인 고찰과 접근이 필요하다. 성공적인 노화는 종합적이고 실천적인 지혜가 절실히 요청된다.

고령자의 거룩한 노화는 수명을 연장시켜 오래 사는 것이 아니라 건강하고 당당하게 자립하며 질이 높은 생활을 지속하는 것이다.

노화현상은 병이 아니므로 비관적으로 생각해서 안 된다. 나이 듦과 더불어 다가오는 변화는 상실이 아니고 성숙일 수 있다. 그 신체적이고 정신적인 성숙을 위해 쓴 이 책이 도움이 되기를 기대한다.

고령화가 매우 가파른 속도로 진행되는 이때, 노화 현상에 대한 인식을 바로잡고 삶에 끊임없이 도전하는 마음을 갖도록 하는 거룩한 노화(HOLY AGE)가 이루어지기를 소망한다.

2023. 4. 19.

정홍기배

# 목차

# 1. 부부관계의 성공

노년기 부부관계의 성공이 인생의 진정한 성공이다. 노년은 부부가 함께하는 여정의 마지막 단계이다. 이때 두 가지 중요한 일이 일어난다. 시간과 자원을 함께 나누는 일이다. 그리고 분리와 손실이 나타난다.

노년기에 들어 있는 부부들의 과제는 백년해로이다.

인생의 오전을 위해 만든 프로그램으로 인생의 오후를 살 수는 없다. 서로 지지하고 응원하고 헌신하는 품위 있는 관계를 만들어야 한다.

부부 생활은 함께 호흡을 맞춰 추는 우아한 춤이다. 부부행복을 누리려고만 하지 말고 행복을 만드는 노력이 필요하다.

부부가 같이하면 혼자 할 때보다 훨씬 행복하고 성공적인 인생을 살 수 있다.

부부가 소풍을 마칠 때 배우자에게 베풀지 못한 것, 참지 못한 것, 좀 더 행복하게 살지 못한 것에 대해 후회를 해서 안 된다. 부부는 종속적 관계가 아닌 서로의 단점을 보완해 주는 우애적 쌍방 관계이다.

## 2. 동반자

부부는 평생의 동반자이다. 그래서 매우 소중한 존재다.

노년기 남성들이 술자리에서 하는 우스갯소리로 나이 들면서 필요한 5가지는, 첫째 마누라, 둘째 아내, 셋째 애들 엄마, 넷째 집사람, 다섯째가 와이프라고 한다.

반면 여성들은 첫째 딸, 둘째 돈, 셋째 건강, 넷째 친구, 다섯째는 찜질방이라고 한다. 이는 남자에게 있어 배우자의 존재가 그만큼 중요하다는 것을 풍자한 이야기이다.

우리가 공기의 소중함을 모르듯이 부부간에도 같이 있을 때는 잘 모르다가 한쪽이 되면 그 소중하고 귀함을 절실히 느낀다.

가까우면서도 멀고, 멀면서도 가까운 사이가 부부이며 곁에 있어도 그리운 게 부부이다.

둘이면서 하나이고, 반쪽이면 미완성인 것이 부부이며 혼자이면 외로워 병이 나는 게 부부이다.

그러므로 배우자를 이해하고, 배려하고, 존중하고, 양보하며 화기애애하게 부부생활을 즐기도록 서로 노력해야 한다.

아내란 "청년에겐 연인이고, 중년에겐 친구이며, 노년에겐 간호사다."란 말이 있다. 인생 최고의 행복은 아마 부도 명예도 아니고 사는 날 동안 지나침도 모자람도 없는 사랑을 나누다가 "난 당신을 만나 참 행복했소!"라고 말하며 한쪽이 먼저가고, 얼마 후 뒤따라가는 부부가 이상적인 부부이다.

배우자보다 더 소중한 것은 없다.

비록 무심하고 뚝뚝한 남편이나, 바가지와 잔소리꾼의 아내라 할지라도 서로에게 보이지 않는 그늘이자 마음의 버팀목이다. 아내와 남편이란 이름은 세상 속에서 꿋꿋하고 당당하게 살아갈 수 있게 하는 힘의 원천이다.

# 3. 새로운 인생단계

영국의 권위 있는 연구기관이 발표한 세계에서 가장 행복한 나라 중에서 우리나라는 56위를 기록했다. 1위에서 4위는 덴마크, 핀란드, 노르웨이, 스웨덴이 차지했다. 모두 복지국가라는 수식어가 늘 따라다니는 나라들이다. 이 나라들의 공통점은 평생교육 분야에 있어서 세계적으로 앞서가고 있다는 점이다.

학습하는 것 자체가 행복을 가져다주는 필요충분조건은 아니지만 배우려는 동기가 있고 목적이 분명할수록 학습의 과정과 결과는 긍정적이고 행복에 이르는 효율적이고 효과적인 방법이다. 노년기라는 새로운 인생단계를 맞이하며 살아가기 위해서는 치열한 학습이 필요하다. 평생교육은 '평생 현역으로 살기 위해 머리를 지켜라'라는 의미이다. 머리는 사령탑이다. 사령탑을 잃으면 인생을 잃는다. 노년기에 불가피하게 육체가 쇠퇴한다고 해서 머리도 기력도 반드시 쇠퇴하는 것은 아니다. 머리는 단련시키기 위해서 평생 공부를 계속해야 한다.

# 4. 장수인의 특징


　장수인의 유일한 공통적인 특징은 심리적 특징으로 전향적인 성격과 낙관주의이다. 장수인은 뚜렷한 목적이 없고 무기력하며 독선적이라고 하는 정형화된 고령자상과는 거리가 멀다. 정신적으로 안정되고 두뇌가 유연하며 순응성이 풍부하다. 장수자에게 공통적인 것은 독립독보의 성격이다. 그들은 자기 효능감, 즉 자기가 유용하다고 하는 자각, 자존심을 지니고 곤란에 도전하면서 체념하지 않고 삶의 이유나 용기, 의지를 찾을 수 있는 것이다.

　장수자의 건강이나 수명을 좌우하는 것은 신체적 조건이 아니라 그 사람의 마음가짐 즉 심리적 요소가 장수를 가능케 한다. 노화의 정도는 같을지라도 '자기는 건강하다'고 믿고 있는 사람은 '자기는 별로 건강하지 않다'고 생각한 사람에 비해 사망의 위험도가 반 이하로 낮아진다는 것이 널리 알려져 있는 정설이다. 이는 늙음이라는 주관적인 건강이 객관적인 신체의 건강보다 중요하다는 것이다.

# 5. 건강한 노화

죽을 때까지 와상노인이 되지 않고, 치매에 걸리지 않으며, 심신은 다소 쇠퇴하더라도 그저 건강하게 즐기며, 자기답게, 가능한 자립적으로 살아가야 한다. 건강한 노화란 요컨대 요간병 상태에 이루지 않도록 자기의 생활을 설계하는 것을 말한다.

고령자가 요간병이 되는 3대 요인은 골관절 질환, 뇌혈관 장애, 치매이다. 이 3대 요인은 생활 습관의 개선(식사, 운동, 휴식)으로 예방 혹은 발병을 늦출 수 있다. 또한 전도 골절이나 뇌혈관 장애의 발작에 대해서는 주거환경의 개선으로 위험을 경감할 수 있다. 즉 식사, 운동, 휴식과 주거환경을 새롭게 디자인하는 것이 건강 노화의 열쇠가 된다. 특히 마음과 신체의 활성을 유지하기 위해서는 부지런히 머리를 쓰고 긍정적인 마음을 유지하여 자기 몸과 마음을 잘 관리해야 한다.

# 6. 건강 노화를 위한 기본원칙

나이를 먹었지만 심신의 약체화를 방지하여 원기를 유지해 나가기 위해서는 전략적인 생활 설계가 필요하다. 고령자의 자립적인 생활 능력도의 유형은 평생 건강형, 질질 내리막형, 조사형이 있다.

많은 사람이 평생 건강형을 바라지만 실제는 그 수가 적다. 조사형의 원인은 대부분 암이나 뇌혈관 장애이다. 주류는 질질 내리막형이다, 이는 나이를 먹어 가며 심신은 점차 허약해지고 도중에 큰 병을 앓는다거나 크게 다친 뒤 다소 회복하는 유형이다. 이 유형의 사람은 근력 저하나 전도골절, 관절이나 척추 질환 등으로 인한 운동기능 장애, 뇌혈관 장애의 후유증에 의한 한쪽 마비, 치매를 들 수 있다.

# 7. 나이보다 젊게 살기를 원하는 삶

가끔 나이보다 훨씬 젊고 건강해 보이는 사람을 만날 때가 있다. 이것은 이른바 건강 연령이 실제 나이보다 낮기 때문이다. 건강 연령은 그 사람의 삶의 질과 수명을 결정해 주는 진짜 나이이다.

### 물을 잘 마셔라

식사하기 30분 전부터, 식사하는 도중 식사 뒤 1시간까지는 물을 마시지 않는 것이 좋다. 물은 위산을 희석시켜 소화를 방해한다.

### 바르게 걸어라

걷기는 만병통치약이라고 할 정도로 당뇨, 고혈압, 심장병 등 성인병의 80%를 예방할 수 있다. 또 걸으면 뇌세포가 활성화하면서 스트레스도 사라진다. 체지방은 걷기 시작해서 15분 정도 지나야 분해되기 시작하므로 최소한 30~40분 정도 쉬지 않고 걸어야 효과적이다. 또 걸을 때에는 가볍게 숨이 찰 정도의 속도로 걷는다.

### 소리 내어 웃어라

독일의 한 의학 전문지에 의하면 웃음은 소화액 분비를 촉진시켜

식욕을 생기게 하고 면역력을 향상시키는 것으로 확인되었다. 가까운 사람끼리 나누는 칭찬과 웃음은 어떤 보약보다도 건강에 이롭다.

### 수면은 결코 사치가 아니다

상쾌하게 하루를 시작하고 창조적인 생활을 하려면 반드시 하루 8시간 정도의 잠을 자야 한다. 깊은 수면에 방해가 되는 커피는 오후 2시 이후엔 마시지 말고 흡연, 음주 등을 멀리한다. 또 취침 전 3~4시간 사이에는 심한 육체 활동을 삼간다. 잠자리에서 텔레비전을 시청하면 빛과 소리가 수면에 나쁜 영향을 준다는 점도 잊지 말자.

### 사랑하면 신난다

긴장, 초조, 걱정, 짜증 등 부정적인 감정은 질병을 일으키는 요소 중 하나다. 누군가를 미워하는 마음을 버리고, 좋아할 만한 것을 찾자. 평생 살면서 사랑하는 것 한 가지만 있어도 증오의 감정이 싹틀 수가 없다. 사랑하는 것이 있으면 모든 것이 신나기 때문이다.

# 8. 나이를 먹으면 이것만은 하지 말아야 한다

\* 잔소리와 군소리를 삼가야 한다. 노년이 되면 투정부리기, 삐죽 거리기, 구시렁대기, 넋두리하기 등에서 멀어져야 한다.

\* 노하지 말아야 한다. 노년의 '노(老)'가 노기(怒氣)의 '노'가 되어서는 안 된다. 노기(老氣)와 노기(怒氣)는 사돈의 팔촌보다 더 멀어야 한다.

악쓰기의 악이 되고 억지 부리기의 악이 될 게 뻔하다. 갑작스런 노기는 뇌경색이나 뇌출혈을 부를 수도 있다. 그러니 노년들은 노기를 꾹꾹 참아야 한다.

\* 기죽는 소리는 하지 말아야 한다. 노년에는 기가 죽고 풀이 죽는 소리를 삼가야 한다. 기가 죽을 짓이나 행동도 하지 말아야 한다.

\* 노탐을 부리지 말아야 한다. 노년이 되면 허욕이나 탐욕이 많아지기도 한다. 식탐을 조심해야 한다. 노탐대실(老貪大失)이라고 건강을 놓치고, 인품을 잃고, 인심까지 잃을 수 있다.

\* 어제를 돌보지 마라. 과거에 집착하지 마라. 지나간 일에 마음을 주지 마라. 이외에도 "우리가 너를 어떻게 키웠는데!" 같은 자식을 원망하는 구질구질한 소리는 하지 말아야 한다.

태어나게 했으니까 키운 것이고 자식들이 낳아 달라고 부탁한 적도 없다. 그저 부모가 좋아서 낳은 것뿐이다. 그저 저희들끼리 잘 살면, 그게 고마운 일이다.

# 9. 노인도 꿈이 있다

오래 살고 싶은 마음이야 다 마찬가지지만, 인간은 욕심대로 오래 살 수 없음을 앎으로 사는 날까지 건강하게 살기를 바라는 것이 노인의 희망이다. 정말로 사는 날까지 건강하게 사는 것이 소망이라면 어떻게 살아야 죽기 전까지 건강할 수 있는 가도 알아야 한다.

* 건강에는 영약이나 묘약이 있다고 믿지 말아야 한다.
* 건강에 관한 상식을 소홀히 하지 말아야 한다. 상식을 실천하는 것만큼 좋은 약은 없다.
* 몸의 건강과 마음의 건강은 함께 한다는 것을 잊지 말아야 한다. 몸에 좋은 음식이나 약으로 육체가 건강해도 마음이 건강하지 못하면 유지하지 못한다. 마음을 항상 긍정적으로 편안 하게 가져야 한다.
* 주어진 인생을 즐길 줄 알아야 한다. 돈이 충분치 못하다거나 지위가 높지 않다고 해서 인생의 즐거움이 없는 것은 아니다.
* 보람을 느낄 때 인생은 행복할 수 있다. 남을 위해서 봉사하는 것만큼 보람을 느낄 수 있는 일은 없다. 봉사를 받는 자에게는 조그만 도움이지만 봉사를 하는 자는 더 큰 보람을 느낀다.

노인에게도 꿈은 있어야 한다.

# 10. 인생 백년 사계절설

인간은 움직이지 않으면 쉽게 노화된다. 인간의 수명이 얼마나 되는가 하는 논의는 예로부터 있어 왔다. 성경(창세기 6장 3절)에는 수명이 120세로 나온다. 현대 의학자들도 비슷하게 125세까지로 보고 있는 것 같다. 인생 칠십은 옛말이고, 인생 100세 시대가 온 것만은 분명해 보인다.

요즘은 인생 백년 사계절 설(說)을 이야기하는 사람들이 많다. 25세까지가 봄, 50세까지가 여름, 75세까지가 가을, 100세까지가 겨울이라는 것이다. 이에 따른다면 70세 노인은, 단풍이 가장 아름다운 만추쯤 되는 것이요, 80세 노인은 초겨울에 접어든 셈이 되는 것이다.

동양에서와 같은 회갑개념이 없는 서양에서는 대체로 노인의 기준을 75세로 보는 것 같다. 그들은 65세~75세까지를 'young old' 또는 'active retirement(활동적 은퇴기)'라고 부른다. 사회 활동을 하기에 충분한 연령이라는 것이다. 그러나 이러한 육체적 연령보다도 더 중요한 것이 정신적인 젊음일 것이다.

유대계 미국 시인인 사무엘 울만(Samuel Ullman)은 일찍이 그의 유명한 시 〈청춘〉(Youth)에서 이렇게 노래했다. 청춘이란 인생의 어떤 기간이 아니라 마음의 상태를 말한다. 때로는 20세 청년보다도 70세 노년에게 청춘이 있다. 나이를 더해 가는 것만으로 사람은 늙지 않는다. 이상과 열정을 잃어버릴 때 비로소 늙는다.

노령에도 뇌세포는 증식한다. 죽을 때까지 공부하여야 한다. 확실히 늙음은 나이보다도 마음의 문제인 것 같다. 물론 생사는 우리 마음대로 할 수 있는 것이 아니다. 그러나 일할 수 있고 다른 사람에게 도움을 줄 수 있을 때까지 살 수 있다면 감사한 인생이 되지 않겠는가?

항상 젊은 마음을 가지고 끊임없이 새로운 일에 도전하면서 바쁘게 사는 것이 젊음과 장수의 비결이다.

# 11. 젊은 마음

96세로 타계한 세계적인 경영학자 피터 드러커(Peter Drucker)는 타계 직전까지 강연과 집필을 계속했다. 페루의 민속사를 읽고 있으면서, 아직도 공부하시냐고 묻는 젊은이들에게 "인간은 호기심을 잃는 순간 늙는다."는 유명한 말을 했다.

1973년에 96세로 타계한 금세기 최고의 첼리스트 파블로 카잘스(Pablo Casals)는 93세 때 UN에서 조국 카탈루냐의 민요인 〈새의 노래〉를 연주하고 평화에 대한 연설을 하여 세계인들을 감격케 했다. 이들보다 나이는 적지만 세계 제일의 테너 플라시도 도밍고(Placido Domingo)는 "이제 쉴 때가 되지 않았느냐?"라는 질문에 "쉬면 늙는다.(If I rest, I rust)"라며 바쁜 마음(busy mind)이야말로 건강한 마음(healthy mind)이라며, 젊음을 과시했다. 이들은 한결같이 젊은이보다 더 젊은 꿈과 열정을 가지고 살았다.

정신과 의사들은 말한다. '마음이 청춘이면 몸도 청춘이 된다.' '이 나이에 무슨…'이라는 소극적인 생각은 절대 금물이다. 노령에도 뇌세포는 증식한다.

# 12. 성공적 노화

지금까지 인간의 노화를 설명하는 수많은 이론이 있다. 그리고 실천적 개념으로는 세계보건기구(WHO)를 중심으로 건강하게 늙기를 강조하는 건강 노화(HEALTHY AGE), 나이가 들어도 적극적인 활동을 추구하는 활동적 노화(ACTIVE AGE), 신체건강과 사회활동을 유지하며 경제적 대비를 하자는 성공적 노화(SUCCESSFUL AGE) 등이 있다. 최근에는 첨단기술을 활용하여 노년의 생활을 관리하고 효율적으로 만들자는 스마트 노화(SMART AGE)라는 새로운 개념이 등장하였다.

이들 이론들을 강하게 주장하면 할수록 나이 들면서 위축되고 여유가 없어져 가는 사람들에게는 오히려 좌절감을 주고 소외되는 부정적인 영향을 미칠 수 있다. 고령화가 매우 가파른 속도로 진행되는 이 시점에 노화 현상에 대한 인식을 바로잡고 삶에 끊임없이 도전하는 마음을 갖도록 하는 거룩한 노화(HOLY AGE)가 이루어져야 한다.

# 13. 나이 들어 생각해 두어야 할 일

고령자가 되면 나를 만나러 올 사람도 없고 또 나를 만나자고 하는 사람이 점점 없어지는 것은 참으로 불행하고 외로운 일이다. 친한 친구를 적어도 다섯 사람 이상 만들어 두어야 한다. 흉금을 터놓고 모든 일(죽음, 상속, 건강 등)을 의논할 친구를 남녀 불문하고 두 명 정도는 꼭 만들어 놓아야 한다.

내가 만나야 할 사람이 없다는 것은 참으로 세상을 불행하게 산 사람이다. 친구를 만나고 싶을 땐 전화하든지 찾아가야 한다. 아무 할 일이 없다는 것은 죽은 송장과 같다. 무슨 일이든 만들어서 일을 하면서 움직여야 한다.

아무한테도 전화할 사람이 없고 또 전화 올 사람도 없다는 것은 참으로 비참한 일이다. 지금 당장 전화하고 싶은 사람에게 전화하고, 전화할 사람을 만들어야 한다. 나를 나오라고 연락해 주는 곳(사람)도 없고 불러 주는 곳(사람)도 없다는 것은 인생을 헛산 것이다. 나오라는 곳이 있으면 무조건 참석하여야 한다.

나는 아무것도 더 배울 것이 없다는 사람은 다 산 사람이다. 사람은 죽을 때까지 무엇인가 배워야 한다. 배움의 열정에 불타는 사람은 늙지 않는다. 오늘부터 당장 무엇인가를 열심히 배우고 죽을 때까지 자기 몫은 자기가 꼭 움켜쥐고 있어야 한다. 자식들이 잘해 줄 거라고 또 언제 죽을지 모른다고 너무 일찍 유산 분배를 하는 일은 바보스런 일이다. 기운 없다고, 못 배웠다고, 못산다고 절대로 비굴하지 마라. 당당하게 살아야 한다.

# 14. 몸은 임대기간이 다 되면 돌려줘야 한다

'몸'이란 무엇인가?

몸을 '몸통', '몸뚱이'라 부르기도 한다. 몸이란 바로 내가 사는 집이다. 해박한 지식도, 나의 심령도, 내 몸이 건강할 때에 바로 가치가 살아난다.

몸이라는 집이 망가지거나 무너지는 순간, '집은 그 즉시 짐'이된다. '소설가 고 박완서' 씨는 말년에 이렇게 말했다. "젊었을 때의 내 몸은 나하고 가장 친한 벗이더니, 차차 나이가 들면서 내 몸은 나와 틀어지기 시작했고, 인생 말년의 내 몸은 나의 '가장 무서운 상전(上典)'이 되었다."

정말 맞는 말이다. 생각은 과거와 미래를 오가지만, 몸은 늘 현재에 머물러 있다. 아니, 우리의 정신세계는 우주와 4차원의 세계를 넘나들지만, 몸뚱이는 옛날 구석기시대에 머물러 있다.

그럼에도 이 몸뚱이만큼 중요한 것이 또 있을까? 그러기에 몸은 늘 모든 것에 우선한다.

"몸이 곧 나다." 몸을 돌보는 것은 자신을 위한 일임과 동시에 남을 위한 배려이기도 하다. 몸을 돌보면, 몸도 나를 돌본다. 그러므로, 내가 내 몸을 돌보지 않으면, 몸이 나를 향하여 반란을 일으킨다.

하루 30분씩만 걸어도 그 즉시 몸에 놀라운 변화 10가지가 나타
난다.


* 치매가 예방된다.

* 근육이 생긴다.

* 심장이 좋아지고, 혈압을 낮춰 준다.

* 소화기관이 좋아진다.

* 기분이 상쾌해진다.

* 녹내장이 예방된다.

* 체중을 관리할 수 있다.

* 뼈를 강화한다.

* 당뇨병 위험을 낮춰 준다.

* 폐가 건강하다.

# 15. 외톨이

나이 들어 간다는 건, 천천히 혼자가 되어 가는 것이다. 혼자 있는 시간이 많아지고 혼자 하는 생각이 많아지고 식탁 위에 덩그러니 놓여 있는 한 끼 식사도 혼자서 자주 하게 된다. 나이가 들어 간다는 건 자신을 되돌아볼 수 있는 기회를 주는 것이다. 나이보다 젊게 살아갈 수 있는 건 끝없이 도전하며 실천하는 것이다. 시간을 다스릴 수 있는 사람만이 멋진 황혼을 누리며 나이 들어 갈 수 있다.

노인이 젊게 사는 비결은 매사에 긍정적이고, 적극적이며, 정열적이고 노욕이 없고 남을 배려하고 이해하려는 마음이 크고 자기의 정체성과 가치관을 가지고 읽고 쓰고 공부에 열심이고 지속적으로 운동(걷기 등)을 해야 한다.

# 16. 건강장수를 위한 기본 원칙 3강

### '하자' 원칙(principle of do it)

'하자(DO it)'를 실천하기 위해서는 무엇보다도 하고 싶은(will do) 것을 먼저 찾아야 한다. 젊어서는 생존경쟁에서 살아남기 위해 바둥대다가 엄두를 못 내었던 일들을 이제는 여유를 가지고 해 보는 것이다. 자신의 건강을 위해서도 보다 적극적으로 시도해 보자. 자신의 능력과 여건을 고려하여 할 수 있는(can do) 일을 하는 것이다. 늙음과 젊음의 차이점은 완충력이다. 노년은 여러 신체적·정신적 고통에서 버티는 회복력이 부족한 시기임을 인정하고 절대 무리하게 추진해서는 안 된다. 다음으로 나이가 들어서는 어떤 일을 하든지 함께하는(let's do) 것이 중요하다.

### '주자' 원칙(principle of give it)

노인은 더 이상 어른으로서 존경의 대상이 아니라 복지 수혜의 대상으로 비치면서 노인이 사회문제로 전락하고 있다. 이러한 위기를 탈피하기 위해서는 노인 스스로 '받기만 하는 자'에서 '주는 자'로 이미지를 전환해야 한다. 나이가 들어 돈도 없고 몸도 신통치 않아 줄 것이 없다고 생각할 수 있지만, 주려고 마음먹으면 줄 것이 많다. 시간적 여유가 있기 때문에 지역사회에서 필요로 하는 다양한 분야의 자원봉사를 얼마든지 할 수 있다. 집안에서도 자녀나 남의 도움을 당연시해 왔던 태도를 버리고, 본인이 직접 가사를 돌볼 수 있다.

### '배우자' 원칙(principle of prepare it)

사람들은 나이가 들면 새로운 것을 배우고 습득하는 것을 망설인다. 그 나이에 배워서 무엇을 하겠느냐는 목적상의 갈등이 있지만, 동기부여 욕구도 없고, 세상사에 별로 흥미를 느끼지 못하기 때문이다. 이제는 은퇴 후에 50년을 살아야 하는 상황이 되었다. 은퇴후 새로운 세상에 들어가서 새로운 일을 하는 것만큼 설레는 기쁨은 없다. 더욱 중요한 것은, 새로 배우지 않는다면 은퇴 후에 할 수 있는 일도, 하고 싶은 일도, 함께할 일도 없게 된다.

# 17. 100세를 준비하는 행동강령 8조목

### 몸을 움직이자

나이가 들어 감에 따라 바꿔야 하는 삶의 패턴과 생활 습관 가운데는 몸을 움직이기를 망설여서는 안 된다.

### 마음을 쏟자

아무리 나이가 들더라도 자신의 마음을 쏟을 일과 대상을 찾아야 한다.

### 변화에 적응하자

세상은 엄청나게 빠른 속도로 변화하고 있다. 과학기술의 혁명은 단순히 일상생활의 패턴에만 영향을 준 것이 아니라 인간관계의 본질을 변화시킬 만큼 큰 영향을 주고 있다.

### 규칙적이 되자

식사시간, 운동시간, 취침시간 등을 정하여 규칙적으로 생활하는 것이 바람직하다.

## 절제하자

일상생활에 있어서 어떤 것도 무리하지 말고 적정선에서 중용을 지켜야 한다. 그러기 위하여 적절한 영양, 적절한 운동, 적절한 스트레스가 필요하다.

## 나이 탓하지 말자

대부분의 삶은 단순히 나이를 이유로 일을 포기하거나 그만둘 때가 많다.

## 남의 탓하지 말자

나이가 들었다고 해서 내 일을 남이 대신해 주지는 못한다. 그런데도 우리는 나이가 들면 으레 누가 나의 일을 대신해 줄 것이라고 생각한다.

## 어울리자

나이가 들어 혼자 남게 되면 외로워지고 결국 우울증에 빠져 건강에 매우 나쁜 결과를 초래한다. 이러한 일을 막는 방법은 최선을 다하여 사람들과 어울리고자 노력하는 것이다. 가족, 이웃, 친구와 모든 일을 함께하려는 노력을 일찍부터 기울여야 한다.

# 18. 세계의 장수식단

장수 건강식으로 잘 알려진 지중해 식단은 그리스, 이탈리아, 스페인 등 지중해 주변 국가들의 식사습관이다. 지중해 식단의 기본은 균형이다. 과일과 채소, 통곡물, 빵, 감자, 닭고기 등의 가금류, 견과류, 올리브오일을 먹을 것을 강조한다. 붉은 고기를 월 2~3회 이내로 섭취하고, 적당량의 레드와인과 저지방우유를 마신다. 탄수화물, 단백질, 지방의 비율을 4:3:3으로 구성해 균형 잡힌 식사를 한다.

그린란드 식단은 세계적 장수식단이다. 생선이 가진 다중불포화지방산이 생리적으로나 질병적으로 매우 유용한 효과를 보인다. 육류 섭취가 없는 대신 생선과 물개 등을 주로 먹는 반면 채소 섭취는 별로 하지 않는다.

한국인의 장수 식단은 밥, 김치, 국, 나물, 생선이나 고기 등으로 차리는 전통 한식이다. 한식의 기본은 된장, 간장, 청국장, 김치 등의 발효 식품인데, 이러한 식품들이 장수에 중요한 영양을 미치는 것으로 나타났다. 한국 100세인들의 식단이 세계 장수지역의 식단과 다른 점은 그들은 과일과 채소 가운데 과일 위주이지만 우리는 채소 위주라는 것이다. 또한 그들은 신선한 생채소를 즐겨 먹지만 우리는 채소를 데치거나 삶아서 먹는다. 장수마을과 비장수 마을의 식생활 패턴에서 유의미하게 차이가 나는 식품이 있었는데 바로 들깻잎이었다.

# 19. 100세인의 식습관

100세인의 공통적 식습관은 규칙적인 식사와 적절한 식사량이다. 100세 이상의 초고령 노인들에게 공통적으로 나타나는 식습관은 과식하지 않고 적정량의 식사다. 음식물을 과잉 섭취하게 되면 소화를 하면서 활성산소를 발생시켜 세포 노화와 암세포 발생을 조장한다. 잘못된 식습관 중 가장 나쁜 것은 폭식과 과식이다. 음식을 많이 먹게 되면 장에서 세균에 의한 부패물질이 그만큼 많이 만들어지고 각종 질병에 노출될 위험이 커진다. 식사량을 줄이는 것이 노화를 막고, 수명을 늘린다는 연구 보고도 있다. 장수식단에서는 영양 성분도 중요하지만, 사람들과 화목하게 어울러서 먹는 것이 가장 중요하다. 규칙적으로 일정량을 먹는 것이 장수의 비결이다. 그리고 가족이나 이웃과 어울러 식사하는 것이 중요하다.

의학의 아버지 히포크라테스(Hippocrates)도 "걷기는 인간에게 가장 좋은 약이다."라는 말을 남겼다. 이는 현대 의학에서도 여실히 입증된다. 걷기는 대표적인 유산소 운동으로 우리 몸의 100개 넘는 근육을 움직여 긴장을 풀어 주고 근육을 골고루 발달시켜 준다. 운동은 심장병, 골다공증, 폐질환, 당뇨병 등의 발생위험을 낮추고 혈중 콜레스테롤 수치를 낮추며, 노화를 억제한다.

# 20. 숙면

미국 국립노화연구소에서 추천하는 노화방지 운동 4가지는 유산소 운동, 근육운동, 균형훈련, 스트레칭이다.

100세인들의 특징은 대부분 숙면을 취한다. 세계적인 장수 지역인 오키나와 장수인의 공통점으로 숙면이었다. 수면시간도 거의 8시간을 넘을 정도로 충분하게 수면을 취한다.

미국 국립노화연구소에서 건강한 숙면을 위하여 소개하는 지침은 다음과 같다.

* 규칙적인 수면시간을 정하고 따른다.
* 매일 규칙적으로 운동한다.
* 잠자기 전 과식하지 않는다.
* 잠자기 전 음주와 흡연을 피한다.
* 침실의 분위기를 편하게 하자.
* 취침을 위한 일정한 습관을 갖는다.
* 침실에서는 잠만 잔다.
* 잠에 대하여 걱정하지 말자.

숙면하기 위해서 매일 실행하면 효과가 큰 '478 수면 호흡법'을 소개한다. 미국 하버드 의과대학의 앤드루 웨일 박사가 개발한 호흡법이다. 별도의 장비나 음식물, 약물이 없이도 몇 분 이내에 쉽게 숙면에 들 수 있다. 그 이름처럼 4초, 7초, 8초간 호흡하는 수면 호흡법이다.

478 수면 호흡법은 다음의 과정을 3회 정도 반복하면 된다.

① 입으로 숨을 완전히 내뱉은 후 코로 4초간 천천히 숨을 들이마신다.
② 7초간 잠시 숨을 참는다.
③ 입으로 8초간 천천히 숨을 내뱉는다.

# 21. 기능적 장수

한국은 전 세계에서 가장 빠른 속도로 인구 고령화가 진행되고 있다. 이르면 2025년에 5명 중 1명이 노인인 초고령 사회에 진입할 것으로 예상되고 있다. 고령자들에게는 건강의 유지와 능력의 함양, 관계의 확대, 능동적 사회 참여가 필요하다. 이러한 개인의 노력과 동시에 사회적 노력이 병행되어야 한다. 초 고령 사회로 진행될 수밖에 없는 현실에서 이러한 문제를 극복하기 위한 최선의 방안은 결국 이웃과의 관계를 중대하여 상부상조를 통한 문제 해결이 가장 우선시되어야 한다.

나이 듦이 무제한 자람으로 생각하는 세상을 꿈꾸어 본다. 아무리 나이가 들어도 내 스스로 선택하여 책임지는 삶, 그것은 바로 독립정신을 필요로 한다. 거룩한 생명을 거룩한 나이 듦으로 지켜 가야 한다. 그러기 위해서는 나이 든 사람들이 스스로 당당하게 일어나야 한다. 나이 탓하지 말고, 남의 탓하지 말고, '하자' '주자' '배우자'의 의지로 자신을 책임지는 노인독립운동을 추구하여야 할 때다. 단순 수명 연장시대가 아니고 진정한 '기능적 장수(functional longevity)'시대가 이미 가까이 와 있다. 기능적 장수와 노인 독립운동은 바로 동전 앞뒤와 같다.

# 22. 나이 드는 것

　나이 들어가는 것을 쇠퇴와 상실의 시기로만 생각하지 않고, 다양한 장점을 발달시키는 데 도움이 되는 중요한 힘으로 받아들인다. 현대 의학의 발전으로 이제는 나이가 들어서도 건강하고 튼튼한 체력을 유지할 수 있게 되었다. 노인들에게 이 세상에 보탬이 되는 중요한 강점이 있다. 지혜, 회복 탄력성, 창의성이 있다. 지혜는 지식, 기술, 판단력, 리더십, 타인에 대한 배려, 호기심, 영성 등 다양한 형태로 나타난다. 우리에게는 모두 이런 지혜의 특성이 하나 이상씩 있으며, 이런 특성은 나이 들면서 더욱 빛을 발한다.

　회복 탄력성은 스트레스에 대처하고 기초적인 기능을 회복하는 능력으로 노년에 들면 이 능력이 다방면으로 증진된다. 우선 나이가 들면 창조성은 발달한다. 나이가 들면 엉켜 있는 문제를 해결하고 새로운 활동이나 관계를 형성하는 데 더 능숙해진다. 우리는 나이 드는 것을 스스로 무엇보다도 가치 있게 여겨야 한다. 그리고 나이 드는 것을 축하해야 한다. 노화는 약해지는 것이 아니라, 더 큰 가치와 깨달음, 혹은 지혜를 발견하는 과정이다.

# 23. 비축분을 키우고, 지혜를 활용하자

인간의 두뇌는 노화하면서 손상, 질병, 장애가 발생하더라도 계속해서 기능할 수 있도록 육체와 정신을 위해 일종의 보험에 해당하는 보호용 비축분을 만들어 든다. 이런 비축분은 눈에 띄는 기능 감퇴가 나타날 때 우리가 얼마만큼 감내할 수 있는지를 결정하는 기준이 된다. 지식, 판단, 공감, 창조성, 통찰의 중요한 5가지 긍정적인 성향은 나이가 드는 과정을 통해서만 지속적으로 발달한다. 가장 현실적이고 유익한 결정을 내리는 능력은 이런 특성들에 좌우되고, 이에 발맞추어 성장한다. 이 다섯 가지가 합해지면 나이 듦의 가장 큰 선물인 지혜가 된다. 지혜는 좋은 인생을 계획하고 꾸려 가는 데 필요한 전문적인 지식이다. 지혜는 축적된 지식과 경험을 의사결정에 능숙하게 적용하는 능력이다.

왕관 위를 장식한 뿔 다섯 개는 각각 비축분과 지혜의 하위 유형들이며 다섯 가지 긍정적인 성향의 기초가 되는 것으로 학자(savant), 현자(sage), 관리자(curater), 창조자(creator), 예지자(seer)로 부를 수 있다.

# 24. 창조적인 나이 듦

성공적 노화는 질환과 장애를 겪을 위험을 피하거나 최소화하고, 정신적 육체적 기능을 높은 수준으로 유지하고 의미 있는 활동에 적극적으로 참여하는 것이다. 긍정적인 노화는 노년을 대하는 최상의 자세이고 긍정적이며 낙관적이고 용기가 있고 삶의 변화에 맞춰 적응하고 조절할 수 있는 마음의 상태이다.

성공적인 노화와 긍정적 노화, 두 모델 모두 기능감퇴와 손실로 규정하는 노화를 앞두고 어떻게 생존하고 변화할 것인가를 이야기하지만 노화 자체가 장점이나 해결책의 근원이 될 수 있다고 보지 않는다. 창조적 노화는 모든 노화가 진행되는 과정 중에도 높은 목적의식, 성취의식이 존재한다. 나이 듦을 그 자체로만 보지 않고 나이가 들면서 생기는 가능성, 즉 나이가 들었음에도 불구하고가 아니라, 나이가 들었기 때문에 성취하는 것들에 주목한다. 창조성이 예술적인 표현에도 필수적이지만 일상에서도 매우 큰 영향력이 있다. 창조성이 의욕을 높이고, 몸의 건강을 증진하고 인간관계를 풍요롭게 하고 유산을 남기는 네 가지 측면에서 노화과정에 도움이 된다.

# 25. 더 나은 노년

노년은 어떻게 보이는가가 아닌 어떻게 발전하는가에 집중해야 할 때이다. 우리는 모두 세월이 흐르면 왜 나이가 들까? 지혜를 키우기 위해서다. 왜 생존해야 할까? 목적을 깨닫기 위해서다. 왜 성장해야 할까? 새로운 무엇인가를 창조하기 위해서다. 이런 근본적인 질문에 직면한다. 그리고 스스로 답을 찾아가는 과정에서 우리는 노년의 삶을 살아갈 수 있는 힘을 얻는다.

노년에 들어서면 확실히 보장된 것은 아무것도 없고, 풀어내야 하는 숙제들이 많아진다. 하지만 그래도 희망을 가져야 한다. 수백 년간 사람들이 찾아 헤맸던 근본적인 청춘의 샘의 비법은 늘 우리 안에 있다. 장수에 관한 최고의 연구는 노화에 대한 긍정적인 태도와 목적의식을 가지면 단순히 더 오래 살 뿐만 아니라 더 나은 삶을 살 수 있다는 사실을 전하는 것이다.

# 26. 백년해로하는 지혜

노년은 노년만의 인생의 의미가 있다. 나이가 들었다고 절망해서도 안 된다. 영원한 청춘을 꿈꾸며 숨 가쁘게 달리는 것도 반대다. 이렇게 달려가다 보면 살아온 길을 되돌아보면서 차분하게 인생황혼기를 성찰할 시간이 없다. 그래서 노인으로서 충만한 삶을 즐길 수 있는 기회를 잃고 '영원한 청춘' 단계에서 초고령 단계로 직접 뛰어들게 된다. 진정으로 노년을 향유하지 못한 채 곧장 추락하는 비극을 맞게 된다.

두 번 오지 않는 노년이라는 인생의 단계를 기왕이면 진실 되고 만족스럽게 살아가야 한다. 인생의 각 단계는 그 나름의 가치가 있고 의미가 있으니 노년을 노년답게 체험한다. 젊음은 젊음대로, 늙음은 늙음대로 의미가 있고, 나이에 따라 과제가 다르게 주어진다.

노인에게 주어진 과업은 고통과 죽음을 견디고, 또 죽음을 배우고 죽어 가는 것이다. 죽음이 노인들만이 생각할 주제라는 것에 동의하지 못한다고 하더라도 노년이 죽음이 접근해 오는, 죽음을 맞이하는 인생의 단계라는 점을 감안한다면, 그동안 단 한 번도 진지하게 죽음, 죽어 가는 것에 대해 생각해 본 적이 없는 사람에게는 노년이야말로 그 과제를 진지하게 끌어안을 시기라는 주장에 거부

감은 없다. 노년기의 충만한 삶을 살아 내기 위해서 진정으로 만족스럽게 늙어 가기 위해서는 노년의 과제를 이해하고, 노년 자체에서 의미를 찾고, 노년의 가치를 놓치지 않는 것이 중요하다.

# 27. 고령화 사회의 나쁜 생활방식 (1)

이제 고령화 사회가 되면서 우리는 80세, 90세, 100세까지 살수가 있다는 희망이 현실화되어 가고 있다. 인간은 본래 100세 내지 125세까지 살 수 있다고 한다. 그렇다면 인간은 왜 본래 수명보다 일찍 죽을까? 생명을 단축시키는 주원인은 대부분 나쁜 생활방식에 있다.

가장 중요한 것은 식생활이다. 과식이나 편식, 화학물질의 영향이 생명을 단축시키는 요인으로 작용을 한다. 이 세상에 과식이 원인이 되어 죽는 것은 인간과 동물밖에 없다. 인간은 맛있는 것을 먹고자 하는 본능적 욕구를 억제하기가 힘들다. 전 세계에서 100세 이상 사는 사람들의 공통점은 아무거나 잘 먹고 식사량은 정량의 80% 정도만 규칙적으로 먹고, 주로 채소를 많이 먹으며 부지런히 움직이는 것이다. 과식은 지방을 축적하는 원인이 된다. 따라서 저지방, 저칼로리 음식을 먹는 것이 장수의 비결이다.

장수의 최대적은 성인병이다. 성인병의 원인은 80~90%가 누적된 스트레스다. 그러면 스트레스란 무엇인가? 그것은 심리적, 생리적으로 일그러진 상태다. 즉 불안이나 걱정, 욕구불만이나 증오, 질투, 열등감 등의 마이너스 발상이 여기에 속한다. 이 모든 것이 마음의 병에서 비롯되므로 마음을 잘 다스려야 한다.

# 28. 고령화 사회의 나쁜 생활방식 (2)

밤낮을 거꾸로 사는 생활을 피해야 한다.

하느님이 우주만물을 창조할 때 낮과 밤이 있게 했고, 낮에는 열심히 일하고 밤에는 휴식을 취하게 만들었다. 그러나 최근 젊은 세대를 보면 낮과 밤을 반대로 생활하는 것이 마치 그들의 문화인 양 널리 보편화되고 있다.

부족한 운동량이 몸을 녹슬게 만든다.

건강하게 장수하기를 원한다면 규칙적이고 지속적인 운동을 통해 근력을 단련시켜야 한다. 최소한 일주일에 4~5회 30분 내지 60분의 유산소 운동을 실시해야 한다.

건강장수를 위해서는 뇌의 플러스 발상을 습관화해야 한다. 플러스 발상을 하면 뇌에서 모르핀이 분비돼 세포가 활성화된다. 생활방식을 긍정적으로 수용하면 젊음을 유지할 수 있고 성인병을 예방할 수 있으며 또한 대부분 생각대로 이루어진다.

# 29. 장수하는 사람들의 생활습관

적어도 장수한다고 하려면 일상생활을 하는 데 큰 지장 없이 90세 이상은 생존해야 한다.

장수하는 사람들은 어떠한 식생활을 하고 있는가가 모든 사람의 일차적인 관심사이다.

소식한다. 필요한 열량만 섭취한다. 물론 과체중이나 비만인 사람은 없다. 소박한 식사를 한다. 채식을 주로 하며 달고 기름진 음식을 별반 먹지 않는다. 그렇다고 해서 엄격하게 가리는 음식이 따로 있는 것은 아니다. 맛있는 것을 찾아 헤매지도 않는다. 패스트 푸드를 즐겨 먹으면서 장수를 기대해서는 안 된다.

장수하는 사람들은 늘 부지런하게 육체적인 활동을 하는 사람들이다. 게으름을 피우거나 그늘에 눕거나 앉아서 하루 종일 놀고먹는 사람들이 아니다. 그렇다고 해서 지칠 정도로 육체노동을 하는 것도 아니다. 육체노동 후 충분한 휴식을 가질 줄 아는 사람들이다. 건강을 위해 따로 운동을 하지도 않는다.

뚜렷한 취미나 기호가 있다기보다는 단순하면서도 즐거운 놀이문화를 가지고 있다. 하루가 지루하거나 따분하다는 것을 느끼지 않고 산다. 음주는 일정하지 않고 담배는 대개 안 피우거나 일찍

끊었으며 약을 잘 먹지 않는다.

어쩌면 장수를 결정하는 생활습관 중에 가장 중요한 것은 정신적인 것 또는 어떤 생활 가치관을 가졌느냐에 달려 있는 것 같다. 우선 이들은 걱정과 근심이 적다. 생을 즐기고 낙천적이며 매일 생활에 만족하면서 살고 있다. 대개 종교가 있으며 죽음에 대해서도 별로 걱정하지 않는다. 변화에 대한 적응 능력이 높고 고집을 부리거나 성깔이 있거나 까다롭지 않다. 욕심이 적어 스트레스도 적다.

지능이 높으며, 기억력이 좋고 주위에서 일어나는 일에 관심이 많다. 대개 농사를 짓거나, 전문직이거나 작은 규모의 자기 업체를 가지고 있는 등 자유스러운 직업을 가지고 있다. 남을 돕는 일에 무엇보다 적극적이다. 불면증으로 고통을 받는 일도 없다.

# 30. 늙지 않고 젊게 살려면

인간이 가장 바라고 원하는 것이 바로 늙지 않고 젊게 사는 것이다. 그래서 사람이 왜 늙는지를 잘 알고 이에 대처해야 한다. 사람이 왜 늙는지는 아무도 모른다. 단지 타고난 유전적 운명과 살아가면서 다가오는 환경 자극에 의해 늙어 간다고 막연히 이해하고 있다. 특히 환경 인자에 대해서는 이미 알려져 있는 여러 가지 요인들이 있다. 예를 들면 과식, 술, 담배, 운동 부족, 과로, 약물남용 등이다.

노화를 둘로 나누어 세월이 흐르면서 자연적으로 늙는 "생리적 노화"와 "병적 노화"로 나눌 수 있다. 그런데 이 중에서도 특히 병적 노화, 즉 큰 병을 앓는 것이 더 노화를 일으킬 것이다. 이는 노화 수정의 중요한 방안의 하나가 철저한 질병 관리임을 가리킨다. 세계적인 장수인들의 장수 비결을 살펴보면 생활환경, 가계의 장수유전자 등과 관련이 있는 것으로 밝혀지고 있다. 일본인의 평균수명이 긴 주된 이유는 만성질환 관리 체계가 발달되었고 동시에 일본인들의 과식을 하지 않는 식사습관이 있기 때문인 것으로 생각된다.

# 31. 무병장수한 분들의 특성

　* 천성적으로 규칙적인 운동에서 즐거움을 느낀다. 지극히 평안한 마음으로 산보를 하거나 정원을 가꾸는 일을 좋아한다. 건강에 대한 우려 때문에 억지로 심한 운동을 하지 않는다. 그들에게 운동은 재미일 뿐이며 건강에 대한 의무가 아니다.

　* 장수 노인들은 평온하면서도 활달한 성격의 소유자들이다. 삶에 대한 열정은 있지만 분노나 극도의 흥분과 같은 극단적인 감정들을 드러내지 않는다.

　* 과거에 대한 향수에 젖지 않는다. 이들은 과거 속에서 살지 않는다. 과거 속에서 묻혀 살게 되면 자신들이 젊고, 빠르고, 강했던 시절을 생각하게 만들어 자칫 노인들을 우울증에 빠뜨릴 수 있다. 그 대신 장수 노인들은 지극히 현실적이고 그 날의 활동에 정력적이다.

　* 그들은 자신들이 하는 일에 성공을 거둔다. 그렇다고 큰 성공을 뜻하는 것은 아니다. 이들의 목표는 작고 평범하지만 바로 자신의 눈앞에서 목표를 달성하면 그 자체가 수명 연장제로 작용하게 된다.

　* 그들의 습관은 모나지 않고 온건하다. 그들은 모든 극단을 피

하고 다양한 음식을 먹는다. 매일 규칙적으로 고기와 야채가 섞인 음식을 먹고, 적당량의 술도 마신다. 이들은 음식과 음료를 예술적으로 다루는 미식가의 경향도 보이지 않는다.

* 그들은 규칙적으로 삶을 산다. 이 말은 엄격한 군대식 절도를 뜻하는 것은 아니다. 오히려 혼돈과 스트레스에서 벗어나게 해 주는 일상적이고 반복적인 생활주기를 뜻한다.

* 그들의 눈은 반짝거린다. 고령에도 불구하고 유머감각이 살아 있다.

# 32. '운동' 안 하고 장수하는 사람들의 공통점은?

신체활동은 음식 조절과 함께 건강수명의 필수 요건이다. 하지만 우리 주변의 90세 이상 장수인 가운데 평생 헬스장, 수영장을 찾지 않은 사람들이 많다. 정식 운동을 하지 않고도 오래 사는 사람들이다.

장수하는 분들의 공통점은 평생 부지런히 몸을 움직인다는 공통점이 있다. 식사 후 바로 앉거나 눕는 경우가 별로 없다. 가까운 거리는 항상 걷고 틈만 나면 집에서도 몸을 움직인다. 헬스, 구기운동은 평생 안 해 봤어도 그에 준하는 신체활동을 하는 셈이다. 건강의 필수요소인 신체활동은 헬스, 배드민턴, 테니스 등 일반적인 '운동'만 해당되는 게 아니다. 세계보건기구(WHO)의 기준을 보면 설거지, 청소, 정리 등 집안일도 훌륭한 신체활동이다. 헬스장에서 1시간 운동했다고 귀가 후 잠들 때까지 꼼짝 않고 앉아 있는 것보다 끊임없이 몸을 움직이는 게 건강에 더 좋다.

가사를 도와주는 남성들이 훨씬 건강하고 오래 산다. 부지런히 몸을 움직이는 할머니가 집안일에는 관심 없고 늘 누워 쉬는 남편보다 오래 사는 경우가 많다. 특히 가사를 '기꺼이', 즐겁게 하는 게 중요하다. 억지로 하면 스트레스로 작용해 건강효과가 줄어든다.

장수 노인들은 "이제 좀 쉬시라."고 얘기해도 늘 주변을 쓸고 닦는 경우가 있다. 건강을 최적화하는 3대 요소로 음식·운동·일상의 움직임을 꼽는 사람들이 많다.

장수인들은 일찍부터 소식을 한 사람들이 많다. 적게 먹고 많이 움직이니 건강할 수밖에 없다. 채소 위주의 식사에 금연, 음주 절제를 실천한 경우가 대부분이다. 세계보건기구(WHO) 산하 국제 암연구소(IARC)의 보고서를 보면, 암 사망의 30%는 흡연, 30%는 음식, 10~25%는 만성감염에 기인한다. 담배 안 피우고 음식만 조심해도 암에 걸릴 확률이 크게 줄어든다. 오래 살아도 치매를 앓으면 장수의 의미가 없다. 모든 일을 긍정적으로 바라보는 게 장수에 도움이 된다. 오래 살아도 병으로 오래 누워 지내면 장수의 의미가 퇴색할 수밖에 없다. 대개 여성의 유병기간이 남성보다 5.1년 더 길다. 여성은 남성보다 오래 사는 기간의 대부분을 각종 질환에 시달리는 것이다. 무릎-허리 관절, 소화기계-호흡기계 질환을 앓는 경우가 많다. 나이 들어도 고기, 달걀, 콩류 등 단백질 음식을 먹고 걷기 등으로 근력을 관리하는 것도 중요하다.

# 33. 제3의 삶

노년은 새로 전개되는 제3의 삶이다.

나와의 화해를 배우며 불편과 소외에 적응하며 감사와 사랑에 익숙해야 한다. 노년이라는 제3의 삶을 완숙되고 아름답게 살기 위해서 힘과 여유가 조금이라도 남아 있을 때 준비하는 것이 현명하다.

노년은 누구나 만나는 인생의 소중한 과정이다. 당당하고 멋진 노년이 되어야 한다. 지탄받고 짐이 되는 인생으로 살지 말아야 한다. 자기하기 나름이다. 저녁놀이 아름다운 것은 곧 사라지기 때문이다. 우리들의 저녁하늘도 마땅히 아름다워야 한다. 완벽한 성숙, 그 인격, 인품, 재주, 솜씨 등이 최고의 경지에 이르지 않았나? 노년은 잴 수 없는 시계 너머의 시간이다. 고독은 병이고 외로움은 눈물이고 서러움이고 애달픔이다. 고독과 싸우지 말고 고독과 어깨동무하고 즐기며 사는 지혜를 가져야 한다.

혼자 자신을 닦고 다지고 굳혀 나갈 귀한 기회다. 자신을 갈고 닦으면 권위와 인품도 저절로 생기고 어느 누구에게서나 존경받는 원로가 된다. 아직은 꿈과 희망 버리지 말고 깨어 있는 지성, 온화한 교양으로 즐겁게 살아야 한다.

# 34. 행복하게 장수할 수 있는 비결

* 밝게 살아야 한다. 마음이 밝으면 병이 발을 붙이지 못한다.

* 열받지 말아야 한다. 열을 자주 받으면 건강만 해친다.

* 맨손체조와 걷기는 헬스클럽보다 낫다.

* 느긋하게 산다. 성질이 급한 사람은 단명한다.

* 고민을 하지 말아야 한다. 고민은 병을 부른다.

* 남을 미워하지 말아야 한다. 미움은 피를 탁하게 하는 주범이다.

* 일찍 자고 일찍 일어나야 한다. 수면 부족이 노화를 앞당긴다.

* 흙을 자주 밟아야 한다. 자연이 명의이다.

* 과로를 삼가야 한다. 과로는 조용히 찾아오는 저승사자이다.

* 맑은 공기와 좋은 물과 소금을 섭취한다.


이보다 확실한 장수 비결은 없다. 꽃은 다시 필 날이 있어도 인생은 다시 젊음으로 갈 수 없다.

## 35. 칠십 대가 넘어서도 행복하게 잘 사는 법

* 분노를 참아야 한다. 나이 70세가 넘어서 쉽게 화를 내는 것은 건강에 백해무익하기 때문이고 나이를 먹을수록 곱게 익어 간다는 소리를 들어야 친구들이나 지인들로부터 대접을 받는다.

* 만족해야 한다. 칠십 대가 되면 이제는 없는 것에 매달리지 말아야 하고 현재 가진 것에 만족하며 살아야 한다. 더 많이 가진다고 해서 행복지수가 비례적으로 더 올라가지는 않기 때문이다.

* 자연을 사랑해야 한다. 나이가 들수록 방에 들어앉아 있지 말고 산책, 운동을 하더라도 밖으로 나가 걸어야 건강에 좋다.

* 자신의 몸을 학대하지 마라. 나이 들어서 건강을 잃으면 그것만큼 불행한 일은 없다.

* 좋은 친구를 많이 만들어야 한다. 친구가 많은 사람은 오래 살아갈 뿐 아니라 행복지수도 높게 산다. 친구들은 나쁜 행동이나 잘못된 결점들을 막아 주며 인생의 즐거움과 가치를 공감하게 하는 역할도 담당해 주기 때문이다.

푸른 잎도 언젠가는 낙엽이 되고 예쁜 꽃도 언젠가는 떨어지게 마련이다. 세상에 영원한 것은 없다.

# 36. 삼노(三老)


나이 들 만큼 들고 먹을 만큼 먹은 사람은 누구나 노숙(老熟)과 노련(老鍊)과 노장(老丈)을 스스로 접할 수 있다. 나이 들수록 노당익장(老當益壯)이 되도록 애써야 한다. 이 휘황찬란한 말에서 당(當)은 '마땅할 당'이다. 뭔가가 당연히, 또 지당하게도, 아니면 의당(宜當) 그렇고 그래야 한다는 뜻이다. 익(益)은 흔히 '이익을 본다'라든가 '편익(便益)을 얻는다'는 뜻 말고도 '더할 익' 또는 '더더욱 익'이라는 뜻을 지닌다.

'많을 익'이라고도 읽다 보니 '익년(益年)'은 노년과 같은 뜻으로 쓰이게 된다. 노을빛 같고, 흰눈빛 같고, 또 별빛 같은 나이, 그게 노년이다. 세 가지 빛살을 더불어 하나로 누리고 있는 나이, 그게 노년이 되게 하고 싶다. 그래서 노년은 삼광(三光)의 나이, 이를테면 세 가지 빛의 나이가 되어야 한다. 노년이라고 기가 죽을 것은 없다. 숨죽일 턱도 없다. 웅크려도 안 되고 움츠려도 안 된다. 가슴을 펴고 당당하여야 한다. 눈 부라리고 우뚝하게 삼광(三光)을 겸한 삼로(三老)의 나이, 그것은 새로운 시작이다. 새로운 장도(壯途)이다.

# 37. 부부 행복체조

어떤 인생이 성공한 인생인가? 성공의 기준은 부부마다 모두 다르겠지만, 몸이 건강한 것도 그 기준의 하나에 들어간다. 80살 전후의 나이인데도 몸이 건강한 부부는 그 자체로 성공한 인생이다. 인간이 80년 동안 갖가지 삶의 풍파를 겪다 보면 반드시 병들게 되어 있다.

어떻게 보면 병들어야 정상일 수도 있다. 그런데도 불구하고 80살의 나이에 건강을 유지하는 부부는 도(道)를 제대로 닦은 성공한 인생임에 틀림없다.

건강은 사회적 성취나 돈의 유무를 초월하는 귀중한 가치이다. 부부의 건강 비결은 매일 저녁 TV의 9시 뉴스가 시작되면 거실에서 아내를 등에 업는다. 업은 다음에 일어섰다, 앉자다를 반복한다. 2분 정도 반복하면 몸에서 땀이 흐르면서 운동이 된다. 특히 남자의 하체가 강화되는 데 더없이 좋은 운동이다. 이렇게 체조를 하면 건강과 부부 화합에는 최고이다. 부부행복체조를 계속하다 보니 고혈압, 당뇨 없이 이렇게 건강하게 살고 있다.

그에 더해 제자리 뜀뛰기와 발뒤꿈치 들기를 200회를 한다.

# 38. 말 안 하고 참는 여성 사망 위험 4배

　부부 싸움하는 동안 자기 스스로 화난 감정을 표현하지 않고 말을 자제하는 여성들이 사망 위험이 높다. 이런 여성에서 우울증과 과민성대장 증후군이 잘 생긴다. 부부간 다툼 중 스스로 침묵하는 여성들이 자신의 감정을 스스럼없이 표현하는 여성들에 비해 사망할 위험이 4배가량 높다고 한다.

　결혼한 남성은 결혼하지 않은 남성들에 비해 건강에 도움이 된다. 또한 아내가 업무 스트레스를 받는 남성들이 이 같은 스트레스가 없는 아내를 둔 남성에 비해 심장질환 발병 위험이 2.7배가량 높은 것으로 나타났다. 결혼생활에 있어서 건강한 의사소통의 중요성이 매우 중요하다. 양쪽 배우자들이 실제로 부부간 갈등 중일 때 상대방으로 하여금 자신의 감정을 자유롭게 표현할 수 있는 안전한 환경을 만들어 주는 것이 배우자의 건강뿐 아니라 자신의 건강을 위해서도 도움이 된다.

# 39. 마음이 먼저 잠들어야 육체도 잠든다

* 근육을 느슨하게 해 준다. 잠을 잘 땐, 똑바로 눕는 것보다 오른쪽으로 모로 눕되 두 다리를 굽혀 근육을 느슨하게 해 주는 것이 좋다. 이 자세로 자게 되면 취침 중에도 소화가 잘되고, 심장의 압박을 주지 않아 혈액순환이 잘된다.

* 잠자기 전에 절대로 화내지 말아야 한다. 수면상태가 되는 과정은 체온과 혈압이 조금씩 떨어지는 과정이라고 볼 수 있다. 하지만 화를 내거나 근심을 하게 되면 체온도 올라가고, 혈압도 높아진다. 결국 화는 잠을 못 들게 하는 적이다.

* 잠자리에 누워 근심하지 말아야 한다. 근심을 하게 되면 정신이 더욱 깨어나 잠들기 어렵다. 또한 동양 의학에서는 근심이 쌓여 '화병'이 된다고 한다.

* 잠자리에서 말하는 것을 피하여야 한다. 잠자리에 누워 책을 읽거나 TV를 본다거나 말하는 등, 다른 일을 하게 되면 '잠자리=수면'의 등식이 깨진다. 잠자리에 누웠을 때는 잠을 자는 것이라는

규칙을 몸에 알려 주어야 한다.

* 잠자기 전에는 음식을 먹지 말아야 한다. 음식을 먹으면 위는 소화활동을 시작하고 장으로 옮겨 흡수한다. 때문에 잠자기 전 음식을 먹으면 위를 움직이는 자율신경계는 쉬지 않고 움직이게 된다. 한마디로 피곤을 풀지 못하는 것이다.

* 머리는 항상 시원하게 하여야 한다. 머리는 양(陽)의 기운이 모여 있는 곳이므로 시원하게 해 주어야 좋다. 머리를 시원하게 해 주면 정신이 맑아지고 두통이 생기는 것을 방지한다.

* 입을 벌리고 자지 말아야 한다. 자는 동안에는 침의 분비가 적어진다. 이때 입을 벌리고 자게 되면 입안이 마르고, 심장 부근에 수분이 부족하게 된다. 입을 벌리고 자는 사람들의 대부분은 코에 문제가 있다.

* 얼굴을 덮지 말아야 한다. 잠잘 때 이불을 머리끝까지 덮게 되면 산소가 부족해져 여러 문제를 야기한다.

* 이불은 꼭 덮어야 한다. 잠자리에서는 자신의 체온을 그대로 유지하는 것이 중요하다. 사람의 체온은 수면 상태에 빠지면 떨어

지므로 체온 보호를 위해 이불은 꼭 덮는다.

　　* 베개의 높이는 6~9㎝가 바람직하다. 이불의 무게는 4~5㎏이 적당하나, 부드럽고 보온성이 좋은 2~2.5㎏ 정도의 이불이면 더욱 좋다,

# 40. 아침에 기분 좋게 일어나는 방법

* 잠들기 잠자리에서 손바닥을 마주 하여 싹싹 20회 비벼댄다.

* 왼손의 손가락들을 길게 모아 쥐고 오른손으로 감싸 쥐어 비틀면서 마찰을 10회 하여 준다. 다한 후 손을 바꾸어서 다시 10회 한다.

* 손가락을 폈다가 오므려다를 20회 한다.

* 숨을 깊이 들이쉬어 복식호흡을 20회 한다.


이렇게 하여 잠을 잔 후 일어날 때는

* 우선 잠에서 깨어나면 팔을 머리위로 쭉 뻗치면서 기지개를 길게 한다.

* 그리고 손바닥을 빠르게 비벼 열감을 느끼면 양손바닥으로 얼굴을 세수하듯이 마찰하며 기분 좋은 느낌을 느낀다.

* 이제 이불을 박차고 일어나서, 뜀뛰기를 50회 하고 유쾌한 하루의 일정을 시작한다.

# 41. 실패를 부르는 나쁜 습관

### 아침식사를 거르는 습관

힘과 활기가 운명을 결정한다. 하루를 시작하는 아침에 힘과 활기를 불어넣어 주는 것은 다름 아닌 아침식사이다.

### 험담하는 습관

습관적으로 남의 흉을 보는 사람이 있다. 남의 흉을 많이 보면 결국 그것이 자기 자신에게 돌아온다. 비비 꼬인 성격, 사물은 삐딱하게 보는 시선은 증오나 원한, 질투를 키워 마침내 이것들로 인해 자신이 치명타를 입게 된다.

### 낙담하고 걱정하는 습관

사소한 일에 쓸데없이 걱정하는 습관도 이제는 버려야 한다. 이것도 성격이기 때문에 하루아침에 고칠 수는 없겠지만 살면서 이습관 때문에 생기는 손해는 생각보다 크다.

### 변명부터 늘어놓는 습관

보통 사람들은 자신의 약한 면을 보여 주기 싫어하기 때문에 실패를 하면 변명부터 늘어놓는다. 특히 남성보다 여성이 습관적으로 변명을 많이 하는데 이것은 자신이 약해 보이는 것이 싫어서일지도 모른다.

## 42. '여보 사랑해' 매일 말하면 암 예방 효과

부부 사이에 주고받는 '고맙다, 미안하다, 사랑한다'는 표현이 암 예방과 노화 방지에 효과가 있다는 연구가 있다. 배우자에게 매일 이런 표현은 노인들은 혈액 내 산화성 스트레스 지표가 50% 감소하고 항산화 능력지표는 30% 늘어난다는 것이다.

체내 산화성 스트레스가 줄면 암과 고혈압, 당뇨, 파킨슨병 등의 발생 확률이 낮아지고 노화도 늦춰진다. '고맙습니다' '미안합니다' '사랑합니다'라는 표현을 자주 써서 부부 건강 장수를 도모하여야 한다.

# 43. 운동량

　운동은 성인병 예방뿐 아니라 정신력, 지력을 증진시키며 행복지수를 높여 준다. 의학이 발달하면 할수록 질병이 사라지기는커녕 도리어 넘실거리고 있다. 운동 부족 때문이다. 물질문명이 발달할수록 운동량이 줄어든다. 세상이 편해질수록 움직이는 일이 줄어든다. 문명이 발달하기 전인 옛날 사람들은 많이 움직였다. 기계보다는 손과 발 그리고 몸으로 많은 일을 했다. 현대보다 신체 활동이 많았다. 그래서 성인병이라는 용어조차 없었다.

　지금도 장수촌 사람들의 특징 중 하나가 죽는 날까지 밭에서 부엌에서 열심히 움직인다. 그리고 열심히 걷고 산과 언덕을 뛰어오르곤 한다. 그러한 장수촌 사람들은 자연사한다. 어제처럼 기상하여 조반을 먹고 하루 종일 밭에 나가 일을 하고 저녁에 들어와 식사를 한 후 누워 잠이 들었다가 영면하는 일이 대부분이다.

# 44. 죽을 사람도 살리는 보약

　성철(性徹) 스님은 생전에 걷는 것이 건강에 최고라고 강조했다. 남자라면 다리에 힘이 있어야 하는데, 걷는 것과 열심히 일하는 것이 좋다는 것이다.

　걷기로는 한국 불교사에서 경허(鏡虛) 스님이 가장 많이 걸었다고 한다. 스님 앞에 병 치료를 위해 모여든 사람이 19명이나 되었다. 그중에는 지팡이를 의지하는 사람도 있었다. 힘들게 칠갑산 기슭에 이르자 이미 날이 저물어 도무지 사방을 분별할 수 없는 암흑천지였다. 그때 스님은 환자들에게 엿을 하나씩 나누어 준 후 자기를 따라 올라오라고 하면서 앞서 걸었다. 얼마만큼 올라갔을 때 갑자기 호랑이 소리를 으르렁 하면서 "살고 싶으면 다들 따라오너라."라고 소리를 지르며 산길을 혼자 냅다 달아나는 것이었다. 이를 보고 기겁한 환자들은 스님이 달려간 방향으로 사력을 다해 따라갔다. 거의 날다시피 뛰어 40리를 달음질친 것이다. 전곡사에 도착해 보니 기적이 일어났다. 아픈 환자가 사라진 것이다. 물론 지팡이를 짚은 사람도 없었다. 모든 질병이 안개와 구름처럼 그리고 시냇물처럼 사라졌다.

　이처럼 운동은 죽을 사람도 살릴 수 있는 보약 중 보약이다.

# 45. 습관을 바꾸면 건강이 보인다

네들리의《습관을 바꾸면 건강이 보인다》를 보면 암, 신장병, 고혈압, 당뇨병 중 성인병 예방에 탁월한 치료제로 운동을 권하고 있다. 왜냐하면 미국에서 운동 부족이 관상동맥 심장질환, 대장암, 당뇨병과 같은 세 가지 주된 질병으로 인한 사망 원인의 3분의 1을 차지하기 때문이다.

운동은 성인병 예방뿐 아니라 정신력, 지력을 증진시키며 행복 지수를 높여 준다. 운동을 하면 할수록 혈액순환이 잘된다. 많은 사람이 과도한 피로보다 운동 부족으로 죽는다. 훨씬 많은 사람이 닳아 없어지기보다 녹슬어 없어지고 있다. 야외에서 적당히 운동을 하는 사람은 일반적으로 활발하고 혈액순환이 잘된다. 상쾌한 공기를 마시면서 자유롭게 걷거나 꽃과 작은 열매들 그리고 채소를 가꾸는 일은 건강한 혈액순환을 위해 필요하다. 이는 감기와 기침 그리고 뇌일혈, 간, 신장, 폐의 염증과 기타 수많은 질병을 방지하는 가장 확실한 예방책이다.

# 46. 뇌의 노화가 건강을 좌우한다

여러 가지 노화의 증상 중 사람들이 가장 두려워하는 것이 기억력 감퇴와 학습능력 저하 등 뇌기능의 노화이다. 사실 기억을 잃는다는 것은 두려운 일임에 틀림없다. 기억이란 인생의 기록이자 자신의 정체성과 인격을 구성하는 매우 중요한 요소이기 때문이다.

뇌의 노화방지를 위하여 다음의 일을 하면 도움이 된다.

* 충분한 수면을 한다.
* 휴식, 명상, 산책, 음악 감상, 짧은 낮잠 등을 통해 뇌를 쉬게 한다.
* 유산소 운동을 한다. 조깅이나 속보 등의 유산소 운동을 꾸준히 한 사람이 그렇지 않은 사람보다 기억력이 더 좋은 것으로 나타났다.
* 손을 많이 움직인다. 손을 흔히 제2의 뇌라고 부르는데 대뇌 운동 중추의 30% 정도를 손이 차지하는 것을 보아도 손과 뇌는 밀접한 연관이 있는 것을 알 수 있다. 손 운동은 창의력 발달과 두뇌 발달에 도움이 되며 노인들의 치매 예방에 효과가 있다.

* 두뇌 활동이 왕성한 시간이 오전이므로 아침식사를 하는 것이 좋다.

* 무엇보다 중요한 것은 일, 자원봉사, 독서, 낱말 맞추기 등 지적 활동을 게을리하지 않으면서 새로운 언어, 컴퓨터 등을 배우는 것이다.

* 쓰지 않던 부분을 사용한다. 평소 잘 쓰지 않는 쪽의 몸을 움직이면 발달이 덜된 뇌에 자극이 가게 되어 뇌기능이 향상될 수 있다. 또한 뒤로 걷기, 옆으로 걷기 등 평소하지 않던 운동을 하는 것도 사용하지 않던 뇌의 영역을 활성화하는 좋은 방법이다.

* 오감을 자극한다. 뇌는 외부로부터 오는 감각자극을 받아들여 반응하는 과정에서 발달하기 때문에 오감을 자주 사용하면 뇌가 활발해진다. 아름다운 음악을 듣고, 좋은 그림이나 경치를 감상하고, 부드럽고 맛있는 음식을 먹고, 좋은 냄새나 향기를 맡고, 사랑하는 사람의 손을 만지는 것만으로도 뇌는 활성화되고 노화가 방지된다.

* 창작활동을 한다. 글을 쓰거나 그림을 그리는 것과 같은 창작활동은 인간이 하는 일 중에서 가장 고차원적인 일의 하나로 이때 뇌가 가장 많이 활성화된다고 볼 수 있다.

# 47. 노년기의 신체적 · 심리적 특징

노년기에는 우울해지는 경향이 있다. 늙으면 젊은이보다 스트레스의 양은 줄어들지만 스트레스의 내용이 부정적인 것이 많아지기 때문이다. 노인은 신체적, 경제적, 사회적 능력의 쇠퇴로 인하여 발달단계상 자연스럽게 의존성이 증가한다. 노년기에 이루면 특히 생이 얼마 남지 않음과 죽음이 가까워 옴을 지각할수록, 지나온 생을 뒤돌아보고 회상하는 경향을 나타낸다.

노인들은 그들의 지난 생을 재평가하고 내면의 세계에 눈을 뜨는 내적 성찰을 가지게 된다. 대체로 나이가 들면 과거 지향적이 되고 새로운 것에 마음 열기를 주저하는 경향이 있다. 많은 세월을 지나오면서 시행착오를 거듭하고 연륜이 가져다주는 신중함이 몸에 배게 되는 시기가 노년기이다. 나이가 들면서 무언가 유언으로 남기고자 하는 경향이 생긴다. 노인이 될수록 주위의 친숙한 것들에 대한 애착심이 증가한다. 노인이 되면 시간에 대한 조망이 달라져 시간계산 방법에 변화가 온다. 즉 태어나서 현재까지의 시간을 셈하던 계산법에서, 현재에서 사망까지 앞으로 남아 있는 시간을 계산하는 경향을 보인다.

# 48. 노후를 이렇게 살면 즐겁다

우리 삶의 3분의 1은 노후에 속하지만 설마설마하다가 속빈강정 같은 날이 반복된다. 노후가 되면 경제력, 건강, 활력, 역할, 친구 등 줄어드는 것이 늘어난다. 그러나 주어진 시간을 재정비하여 사용하면 삶의 가치가 달라진다.

* 즐거운 마음으로 하루를 시작하고 마감한다. 그래야 여한 없이 살게 된다.

* 좋은 친구와 만나야 한다. 외로움은 암보다 무섭다.

* 자서전을 써야 한다. 인생의 정리가 저절로 이루어진다.

* 덕을 쌓으며 살아야 한다. 좋은 사람이 모여들고 하루하루가 값지게 된다.

* 좋은 말을 써야 한다. 말은 자신의 인격이다.

* 좋은 글을 읽어야 한다. 몸은 늙어도 영혼은 늙지 않는다.

* 내 고집만 부리지 말아야 한다. 노망으로 오인받는다.

* 받으려 하지 말고 주려고 하여야 한다. 박(薄)한 끝은 없어도 후(厚)한 끝은 있다.

* 모든 것을 수용하여야 한다. 탓하면 제명대로 살지 못한다.

\* 마음을 곱게 써야 한다. 그래야 곱게 늙는다.

\* 병과 친해져야 한다. 병도 친구는 해치지 않는다.

\* 나이에 자신을 맞추어야 한다. 몸부림쳐도 가는 세월 막지 못한다.

\* 틈만 있으면 걸어야 한다. 걷는 것보다 좋은 운동이 없다.

\* 나만 옳다는 생각을 버려야 한다. 고집 센 사람 모두가 싫어한다.

\* 자녀에게 이래라저래라 간섭하지 말아야 한다. 그러다가 의만 상한다.

\* 물을 많이 마셔야 한다. 물처럼 좋은 보약도 없다.

\* 골고루 먹어야 한다. 편식은 건강의 적이다.

\* 콩과 멸치, 마늘을 많이 먹어야 한다. 최고의 건강식품이다.

## 49. 걷지 않으면 모든 것을 잃어버린다

　걷지 않으면 모든 걸 잃어버리듯 다리가 무너지면 건강이 무너진다. 무릎은 100개의 관절 중에서 가장 많은 체중의 영향을 받는다. 평지를 걸을 때도 4~7배의 몸무게가 무릎에 가해지며 부담을 준다. 따라서 이 부담을 줄이고 잘 걷기 위해서는 많이 걷고 자주 걷고, 즐겁게 걷는 방법밖에 없다. 언제 어디서든 시간이 나면 무조건 걸어야 한다. 동의보감에서도 약보다는 식보(食補)요 식보보다는 행보(行補)라 했다.

　뒷산도 좋고 강가도 좋고 동네 한 바퀴 어디를 가도 부지런한 사람들과 만난다. 처음에는 30분 정도 천천히 걷지만, 열흘이면 한 시간에 15리를 걸을 수 있다. 몸과 마음이 가뿐해진다.

　운동은 혈관을 깨끗하게 한다. 때와 장소를 가리지 말고 하여야 한다. 허리둘레는 가늘수록 허벅지 둘레는 굵을수록 좋다. 운동은 하루에 숨이 헐떡거릴 정도로 30분 이상 한다. 운동은 하체 위주로 한다. 오른쪽 허벅지 근육은 노폐물인 잉여 칼로리를 태우는 소각장이다. 다리 근육이 클수록 포도당이 많이 저장된다. 다리 근육이 큰 사람은 쉽게 지치지 않는다. 다이어트의 완성은 많이 움직이는 것이다. 적게 먹는 것이 아니다. 다리 근육이 증가되면 혈관이 맑아지고 깨끗하다.

# 50. 당신은 지금 몇 살입니까?

소크라테스(Socrates)의 원숙한 철학은 70세 이후에 이루어 졌다. 철인 플라톤(Platon)은 50세까지 학생이었다. 르네상스의 거장 미켈란젤로(Michelangelo)가 시스티나 성당 벽화를 완성한 것은 90세 때였다. 베르디(Verdi)는 오페라 〈오셀로〉를 80세에 작곡했고, 〈아베마리아〉를 85세에 작곡했다.

미국의 부호 벤더필트(Vanderbilt)는 70세 때 상업용 수송선 1백 척을 소유했는데 83세로 죽기까지 13년 동안 1만 척으로 늘렸다.

문호 괴테(Goethe)는 대작 《파우스트》를 60세에 시작하여 82세에 마쳤다.

미국의 현대 화단에 돌풍을 일으킨 〈리버맨〉(Liberman)은 사업에서 은퇴하고 장기나 두려던 차에 어떤 아가씨의 충고를 받아들여 단, 10주간 그림 공부를 한 후에 그림을 그렸는데, 그때가 81세였다. 그는 101세에 스물두 번째 개인전을 가졌는데, 평론가들은 그를 "원시적 눈을 가진 미국의 샤갈."이라고 극찬했다.

지금 당신은 몇 살이십니까? 닳아 없어지는 것이, 녹슬어 없어지는 것보다 낫다.

# 51. 배 속만 따뜻하게 해 줘도 100세는 산다

무병장수의 비밀은 결코 먼 곳에 있지 않다. "따뜻하면 살고 차가워지면 죽는다."는 말속에 그 모든 생로병사의 비밀이 담겨 있다. 몸에 따뜻한 기운을 유지하는 것이 건강을 유지하는 것이고, 몸에 따뜻한 기운이 빠져나가 식어 버리는 것이 죽는 것이다. 그래서 우리는 흔히 죽은 자를 표현하는 데 있어 '싸늘하게 식은 몸'이라는 비유를 곧잘 하곤 한다.

질병과 노화란 몸이 식어 가는 과정에서 나타난 자연현상이다. 암 환자, 중풍환자, 치매환자, 정신병자 등 모든 질환자의 배 속이 차갑고, 노인들의 배 속 또한 차갑다. 수많은 사람들이 찾아 헤매던 생로병사의 원인이 바로 '따뜻하면 살고 차가워지면 병들고 늙어 죽는 것'이다. 즉 '따뜻하면 살고 차가워지면 죽는 것'은 '자연의 이치'인데 오늘날 의학은 따뜻하게 해 주면 순환이 되어 예방과 치료가 되는데도 따뜻하게 해 줄 생각은 하지 않고 다른 곳에서 원인을 찾으려고 하니 비만, 아토피, 고혈압, 당뇨, 중풍, 치매, 기형아, 괴질 등 불치병, 난치병이 생길 수밖에 없는 것이다. 이와 반대로 몸이 따뜻하면 몸의 순환이 잘되어 건강을 유지하고 머리가 차가워져 마음이 차분하고 정신이 맑아진다. 즉 두한족열(頭寒足熱)

을 잃으면 건강을 잃는 것이고 두한족열을 지킬 수 있으면 건강을

지킬 수 있는 것이다.

# 52. 몸을 따뜻하게 하는 방법

* 따뜻한 물을 마셔야 한다.

* 말을 너무 많이 하지 말아야 한다.

* 바른말, 고운말, 존댓말을 써야 한다.

* 다리를 많이 움직여야 한다.

* 땀을 흘려야 한다.

* 일과 운동을 열심히 하여야 한다.

* 목욕을 하여야 한다.

* 11자 자세로 걸어야 한다.

* 따뜻한 차를 많이 마셔야 한다.

# 53. 관절장애나 요통

　관절장애나 요통은 근력 저하로 인한 것이 많기 때문에 진통제 등의 약으로는 쉽게 고칠 수 없지만, 식사요법이나 운동요법으로 통증을 없앨 수 있다.

　근육은 40세 이후부터 연간 1%씩 감소하고, 60세 이상은 연간 5~10% 감소하며, 75세를 넘으면 급속히 저하된다. 또한 40세경부터 하지의 근육이 쇠퇴하여 걷는 속도도 늦어지며, 서 있는 자세 유지나 밸런스 능력도 저하되어 쉽게 넘어지게 된다. 따라서 단백질 등 영양을 골고루 섭취하고 근력을 키우는 운동을 하며 예방하는 것이 중요하다.

# 54. 건강한 장수

건강한 장수를 지탱하는 것은 유전자가 아니며 우리가 선택한 삶의 방식에 달려 있다. 좋은 선택은 운동이다. 불행과 병이 노년에는 반드시 찾아온다고 생각하는 것은 틀린 것이다. 잘 훈련된 육체는 유연성과 아름다움을 상실하지 않을 수 있다. 부단한 훈련은 경탄할 만한 성과를 낳는다.

매일 30분 걷는 남녀는 계속 앉아서 일하는 사람에 비해 그 사망률은 반 정도가 된다. 최후까지 즐겁게 살기 위해서는 안전하며 위험요소가 적도록 주거환경을 정비한다. 몸과 마음의 활력을 유지할 수 있는 풍경을 갖추는 것도 필요하다. 따뜻한 방에서 갑자기 추운 화장실에 들어갈 때 온도차로 혈압이 급상승하여 뇌졸중을 일으키는 사고도 많다. 이러한 가정 내 사고를 방지하는 것이 건강 자립수명을 연장시키고 누워 지내는 것을 막는 포인트이다.

나이를 먹으면 노화에 의해 심신의 기능이 쇠퇴한다. 이러한 몸의 기능 저하를 방지할 수 있도록 생활환경을 정비해야 한다. 부부라면, 어느 쪽이 먼저 떠나기 때문에 독거를 대비해야 한다. 집의 유지와 관리가 쉽도록 정비해야 한다.

# 55. 고령자의 요간병 요인

영원히 나이를 먹지 않는 포에버 영(forever young)이 아니고 늙어서도 원기 왕성한 활동적 노화(active aging)도 아닌, 정도 껏 건강하게 나이 먹는 법을 목표로 하는 사고방식이 건강한 노화 (healthy aging)이다. 우리는 죽을 때까지 와상노인이 되지 않고, 치매에 걸리지 않으며, 심신은 다소 쇠퇴하더라도 그저 건강하게 즐기며, 자기답게 가능한 자립적으로 살아가기를 원한다.

건강한 노화는 요간병 상태에 이르지 않도록 자기의 생활을 설계 하는 것이다. 특히 마음과 신체의 활성을 유지하기 위해서는 부지 런히 머리를 쓰고 긍정적인 마음을 유지하여 자기 몸과 마음을 잘 관리해야 한다. 멋있는 사람은 하는 말도 곱다.

# 56. 한국인의 장수 비결

* 무조건 소식하지 말고, 젊었을 때보다 적게 먹어야 한다.

* 어떻게 먹느냐가 중요하다. 정해진 시간에 일정한 양만 먹어야 한다.

* 튀긴 음식을 피하고 짠 음식을 멀리하여야 한다.

* 당뇨병을 조심하여야 한다. 100세인은 당뇨병이 없다.

* 일하는 사람의 평균 수명은 노는 사람보다 14년 길다.

* 자식에게 의존하지 말아야 한다. 문제는 자신이다.

* 바쁜 노인은 치매가 없다. 끊임없이 책을 읽고 대화하여야 한다.

* 시계추처럼 살아야 한다. 규칙적인 기상, 식사, 노동, 취침이 건강 비결이다.

* 친구를 많이 사귀어야 한다. 외로움은 장수의 적이다.

* 등산은 장수운동이다.

* 중산간(中山間) 지역에 장수 마을이 많다.

# 57. 노인이 젊게 사는 비결

* 매사에 긍정적이고, 적극적이며, 정열적이다.

* 노욕이 없다.

* 기본적으로 경제에서 독립적이다.

* 남을 배려하고 이해하려는 마음이 크다.

* 자기의 정체성과 가치관을 가지고 있다.

* 읽고 쓰고 공부에 열심이다.

* 지속적으로 운동(걷기 등)을 한다.

* 종교를 가지고 있다.

# 58. 블루존(blue zone) 사람들의 습관

지구촌에서 가장 오래, 가장 건강하게 사는 사람들이 거주하는 지역을 흔히 '블루존(blue zone)'이라고 한다. 세계의 장수 마을을 연구한 댄 뷰트너(Dan Buettner) 박사가 처음 사용한 단어다. 그는 이탈리아 사르디니아, 그리스 이카리아, 일본 오키나와, 미국 캘리포니아, 로마 린다, 코스타리카 니코야를 블루존으로 지목했다. 그는 이들 지역에서는 정신적 육체적 건강을 증진시키는 생활 습관을 공유한다는 사실을 발견했다. 건강한 장수를 위해 누구나 따라할 수 있는 블루존 사람들의 9가지 습관은 다음과 같다.

### 자연스럽게 움직인다

굳이 헬스장에서 몇 시간씩 보내지 않아도 된다. 블루존 사람들은 차를 타는 대신 걸어 다니고, 마당이나 정원을 돌보고, 하루 종일 더 많이 움직임으로써 언제나 활동적인 상태를 유지한다. 낮은 강도의 활동이 전반적으로 더 많은 칼로리를 소모할 수 있기 때문이다. 러닝머신에서 더 달리려고 자신을 압박하기보다, 엘리베이터 대신 계단을 이용하는 등 일상에서 자연스럽게 활동량을 늘릴 방법을 실천한다.

### 목적의식을 갖는다

블루존 프로젝트에 의하면 아침에 벌떡 일어나고 싶은 이유, 즉 동기부여가 수명을 늘어나게 한다. 회사의 최고경영자가 되겠다는 거창한 목표를 통해 삶의 의미를 찾을 필요는 없다. 지금 맡고 있는 프로젝트를 잘 끝내거나 창의적인 활동을 찾는 등 작은 일에서도 충분히 목적을 찾을 수 있다. 그는 다음과 같은 메모를 거울에 붙여 놓으라고 권했다.

'기본 목표는 나의 성장과 남에게 베풀기.'

### 스트레스를 관리한다

블루존에 산다고 스트레스가 없는 것은 아니다. 하지만 이들은 스트레스 관리법을 찾아내 실천한다. 예를 들어 오키나와 사람들은 날마다 조상을 생각하는 시간을 가지고, 사르디니아 사람들은 카페 등에서 '해피아워(happy hour)'를 정기적으로 이용한다. 달리기, 명상을 도전하는 것도 스트레스를 줄이는 간단한 방법이다. 그리고 최소 2시간은 자연 속에서 보내는 것을 권장한다.

### 배부를 때까지 먹지 않는다

대신에 80% 정도 배부른 느낌이 들면 식사를 멈춘다. 블루존 프로젝트는 이를 '80% 규칙'이라고 한다. 이들 지역에서는 낮이나 초저녁에 조금씩 식사하고 밤에는 많이 먹는 것을 피한다. TV, 디지

털 기기와 같은 스크린을 보면서 먹지 않는 것도 중요하다.

### 고기를 적게 먹는다

블루존 사람들은 과일, 채소, 콩류 등 식물성 위주 식이요법을 한다. 단백질 섭취도 동물에 의존하기보다 단백질, 섬유질이 함유된 콩을 주로 먹는다. 통조림 속 병아리콩 한 컵에는 단백질 18g이 들어 있다.

### 술은 적당히 마신다

블루존 연구에서는 주민들이 적당한 양의 술을 규칙적으로 마신다는 것을 보여 준다. 하지만 이들은 주말에 술을 몰아서 마시지 않고 보통 하루에 1~2잔씩 마신다.

### 공동체에 소속된다

블루존의 100세 이상 노인들은 신앙에 기반한 공동체에 속해 있다. 블루존 프로젝트에서 인터뷰한 100세 노인 263명 중 5명만이 이러한 공동체에 속하지 않았다. 공동체라고 해서 교회에 가는 것을 의미하지 않는다. 취미 모임이나 가까운 친구, 가족을 통해 나만의 공동체를 찾을 수 있다.

### 가족과의 시간을 우선시한다

블루존 100세 노인들에게는 가족이 중요하다. 이들 지역에서는 자식들이 나이 든 부모님의 근처에 살거나 부모님과 함께 사는 일도 흔하다. 또한 부부끼리 그리고 자녀들과도 많은 시간을 보낸다.

### 건전한 사회적 네트워크를 구축한다

블루존 프로젝트에 의하면 장수인들은 건강한 습관을 실천하는 사람들에게 둘러싸여 있다. 실제로 심장병 위험을 조사한 프래밍햄 연구는 흡연, 비만, 행복, 심지어 외로움도 전염될 수 있다는 것을 보여준다. 뷰트너 박사는 최근 연락하지 못한 친구나 가족에게 전화, 문자, 이메일 등으로 소통하는 시간을 가질 것을 권한다.

그는 이런 식습관과 함께 운동을 하고 가족과 이웃과의 유대감을 강화하면, 건강하게 100세 이상 장수를 누릴 수 있다고 강조한다.

# 59. 우아하게 늙는 방법

### 건강한 생활습관을 가져야 한다

금연과 절주 그리고 식이요법으로 생활습관을 바꾸어야 하는데 올바른 생활습관은 아름답게 늙어 갈 수 있는 척도다.

### 적당한 운동은 필수다

꼭 시간을 내어 운동을 하기보다는 생활 습관 속에서 찾는 것이 좋으며 집으로 들어갈 때와 나올 때 30분 정도 걷기운동을 하면 매우 효과적이다.

### 충분한 휴식과 수면이 좋다

너무 적게 자거나 너무 많이 자는 것도 좋지 않다. 무엇이든지 균형적으로 알맞게 하는 것이 좋으며 매일 45분 정도 걷고 20분 낮잠을 자는 것도 아름답게 늙어 가는 비결이다.

### 잦은 스킨십과 성생활도 좋다

사랑을 주고 사랑을 받는 것만큼 아름다운 것은 없다. 사랑을 하면 얼굴색이 변하듯 사랑을 하면 곱게 늙어 간다.

### 스트레스를 줄이고 편안한 마음가짐이 필요하다

사람이 살다 보면 별의별 일들과 부딪히게 되지만 언제나 긍정적인 마인드로 마음을 편하게 가지면 곱게 늙어 갈 수 있다.


### 노화에 맞서지 말고 자연스럽게 수용해야 한다

의학의 발달로 작은 주름 하나에도 집착하여 피부 미용 시술과 성형을 하는데 피부 미용은 좋지만 과도한 성형으로 나이에 걸맞지 않게 어색함을 주는 얼굴은 오히려 우아함을 상실한다.

# 60. 걷는 것은 축복이고 철학자가 된다

프랑스 문학가 '사르트르(Sartre)'는 "사람은 걸을 수 있는 만큼만 존재한다."고 했다. 인류학자 '마빈 해리스(Harris)'는 "걷기가 인간의 삶을 건강하게 만들고 주위환경과 자신과의 관계를 만든다."고 강조한다. '장자크 루소(Rousseau)'는 《고백록》(2012)에서 걷기를 통해 많은 것을 이뤘다고 하면서 "나는 걸을 때만 명상을 할 수 있다. 걸음을 멈추면 생각도 멈춘다."고 했다.

사실 숲길을 걸을 때마다 숲은 반응하게 마련이다. 걷고 또 걸으며 자연과 대화할 때 남다른 감동과 건강을 안겨 준다. 생각하며 명상하며 조용히 걸어가는 것은 '마음의 무게'를 내려놓고 천천히 움직이는 것과 같은 기분이다.

고전이 된 《월든》(Walden, 2008)의 저자 '헨리 데이비드 소로 (Thoreau)'의 '산보론(Walking)'에서는 걷는 것을 성지를 찾아나서는 순례에 비유한다. 그는 "걷는다는 것은 자유롭고 독립적으로 도(道)를 찾아나서는 여정"이라고 말한다.

늙어 갈수록 많이 걸어야 한다. 진정한 나를 찾아 적어도 하루에 30분~1시간을 걸어야 한다. 장수하는 사람들의 공통점은 아침저녁마다 땀이 약간 날 정도의 속보로 걷는 운동을 한다.

옛날 선비들에게 산은 가슴속의 티끌을 씻어 내는 휴식과 풍류의 공간이었다. '심경호'의 책《산수기행-조선이 선비, 산길을 가다》(2007)에 보면 선비들에게 있어서 산은 치열한 자기 수련의 도장이자 지혜를 구하는 장소였다.

조선시대 지식인인 이황, 정약용, 허균 등이 유산기(遊山記)를 소개하고 있다. 그들은 몸이 불편해 직접 산에 오르지 못할 때도 산수화를 걸어 놓고 마음을 달래는 와유(臥遊, 누워서 즐김)를 했다.

장수하는 사람들의 특징은 계속 움직이는 것이다. 썩지 않고 늙지 않으려면 되도록 많이 움직이고 걷는 것밖에 없다.

# 61. 행복한 노년을 위한 5권(勸)

### 유유자적(悠悠自適)

큰 강물이 흐르듯 차분하여야 한다. 유유는 서두르거나 안달하지 않는 느긋함이고, 자적은 자연스레 일이 되어 가는 대로 행동하거나 마음을 내맡기는 것이다.

### 달관(達觀)

두루두루 관대하여야 한다. 관대는 말할 것도 없이 너그러움이다. 드넓은 마음, 널따랗게 튄 마음이다. 웬만큼 마음 상하거나 언짢은 일, 어쭙잖은 일을 당한 것이 아니라면, 못 본 듯이, 외면하고 마는 것이 노년의 크나큰 미덕이다.

### 소식

소탈한 식사가 천하의 맛이다. 두 가지 소식이 있다. '작을 소(小)'를 쓰는 '소식(小食)'과 '분수에 따를 소(素)'를 쓰는 소식(素食). 소식(素食)은 두 가지 뜻을 지니고 있는데, 하나는 채소를 먹는다는 의미이고, 또 하나는 소박하게 먹는다는 의미이다. 그런데 채소를 먹는다는 의미의 소식은 소식(疏食)이라 써도 좋을 것이다. 이

때 소(疎)는 소(素)처럼 채소, 즉 푸성귀를 가리킨다.

## 사색

머리와 가슴으로 세상의 이치를 헤아려야 한다. 노년에는 머리를 많이 쓰라고 권하고 싶다. 소식을 하듯이 은근하게 머릿속으로, 가슴속으로 태연하게 생각에 잠겨야 한다. 간절하게 궁리해서 사물이며 세상의 이치에 통달해야 한다. 그러려면 책을 읽는 게 도움이 된다. 문학작품도 좋지만 명상록이나 단상집이나 잠언집이면 금상첨화일 것이다. 노년이 되면 자주자주 명상에 빠져 머리를 쓰는 것이 좋다.

## 운동

자주 많이 움직여야 한다. 노년일수록 머리뿐만 아니라 몸도 자주 많이 움직여야 한다. 하다못해 몸부림이라도 많이 크게 움직이는 것이 힘겨우면 꼼지락꼼지락, 살금살금, 야금야금이라도 움직여야 한다. 스트레칭은 제자리에 앉거나 누워서도 할 수 있지만 그 효과는 결코 무시할 수 없다. 보다 더 연속적이고 보다 큰 움직임을 평소에 몸에 붙여서 일상의 습관이 되고 생활의 리듬이 되게 해야 한다. 걷기는 노년을 위한 최선의 운동일지 모른다. 특히 산책이 가장 바람직하다. 산책에서 '산(散)'은 '한산할 산' 또는 '한가할 산'이고 '책(策)'은 '지팡이 책' 또는 '지팡이 디딜 책'이다. 그 둘을

합치면, 한가하게 지팡이를 짚고 발걸음을 옮기는 것이 된다.

# 62. 건강한 삶

건강을 위해서는 먹는 것과 운동보다도 마음관리에 중점을 두어 음식과 운동은 20%, 마음관리는 80%의 비중을 두는 것이 좋다. 행복하고 긍정적인 생각을 할 때 면역세포의 일종인 T림프구(T세포)는 제 기능을 발휘한다. 하지만 시기, 질투, 분노, 미움, 두려움, 원망이나 불평, 낙심, 절망, 염려, 용서 못 함, 불안과 같은 부정적인 생각이나 감정을 가지면 T림프구가 변이되어 암세포나 병균을 죽이는 대신 거꾸로 자기 몸을 공격하여 몸에 염증이 생기게 하거나 질병을 일으킨다.

이를 '자가면역 질환'이라고 한다. 화, 슬픔, 불안, 공포, 증오, 미움 등과 같은 부정적인 정신 상태에 있을 때 인체에서는 어떤 물질이 생성되는데, 그 물질에는 매우 강력한 독성이 있다. 그 독이 몸속 여러 곳을 돌아다니면서 각종 질병을 만들게 된다.

# 63. 마음관리

허준(許浚)은 동의보감에서 마음이 산란하면 병이 생기고, 마음이 안정되면 있던 병도 저절로 좋아진다고 말하고 있다. 조선시대 세조 때 간행된 《八醫論》(8의론)에서는 의사를 8등급으로 나누고 있는데 마음을 잘 다스려 병을 치유하는 心醫(심의)가 1등급 의사였다. 직업 중 평균수명이 가장 높은 그룹은 성직자(목사, 신부, 스님)이다. 평균수명이 30세도 안 되었던 2300~2500년 전에 삶의 지혜와 사리에 밝았던 중국의 고대 사상가들의 수명도 모두 높았다. 대략 순자(荀子, 60세), 공자(孔子, 73세), 묵자(墨子, 79세), 장자(莊子, 80세), 맹자(孟子, 83세), 노자(老子, 미상)는 100세를 살았다. 오늘날의 성직자나 옛날 중국의 사상가 들이 장수한 것은 잘 먹고 운동을 많이 해서가 아니라, 마음관리를 지혜롭게 잘했기 때문이다.

신경 심장학 연구에 의하면 사람의 몸을 최상의 상태로 유지하는 가장 좋은 방법은 '감사하는 마음'을 갖는 것이다. 한 통계에 의하면 내과를 찾는 환자 2명 중 1명은 정신질환에 해당되고, 이들 환자의 80%는 병의 원인이 '가정불화'로 보고 있다. 마음이 건강관리에 그토록 중요하게 된 데는 우리 몸의 유전자는 세포 내의 사정과

는 상관없이 그 사람의 마음상태에 따라서 영향을 받도록 만들어
져 있어서 마음의 변화는 몸의 변화를 가져오기 때문이다.

　오늘날, 의학계에서도 몸의 치료는 마음의 치료와 병행해야 된
다는 것이 점차 일반화되어 가고 있다. 물론 건강을 위해서는 먹는
것과 운동도 정말로 중요하지만, 그 중요도에 있어서는 마음관리
와는 비교할 바가 못 된다.

# 64. 운동과 장수

히말라야산맥 부근의 훈자마을과 남미 안데스산맥에 있는 빌카 밤바 등 세계의 장수촌에는 100세 이상의 장수자들이 많은 것으로 유명하다. 이들은 100세가 넘어서도 산과 들에 나가 일을 하는 것으로 알려져 있다. 많은 임상 시험에 의하면, 같은 나이에도 오랫동안 운동이나 일을 통해 몸 단련을 한 사람들의 사망률은 1.4%이고, 그렇지 않은 사람들의 사망률은 6~12%였다. 식물도 바람을 이용해 운동을 한다고 하는데, 사람이 동물이란 점에서 움직여야 건강할 수 있다는 것은 당연한 일이다.

그리스의 극작가 소포클레스(Sophocles)는 100세 때에 〈오이디푸스 왕〉을 썼다. 로마 장군 안토니우스(Antonius)는 111세까지 전쟁터에서 활약했다. 심장혈관질환은 사망 위험성이 가장 큰 병의 하나다. 많은 사람들이 이것은 동물성 지방을 섭취한 데서 생기는 병이라고 보고 있으나, 이는 사실이 아닌 것으로 확인됐다.

중국의 일부 소수민족은 쇠고기와 양고기 등 주로 동물성 지방을 먹지만, 심장혈관 계통 환자가 극히 적다. 탄자니아의 마사이 부족은 주로 육식을 하기 때문에 미국 사람보다 더 많은 동물성 지방을 먹고 있으나, 심장혈관질환에 걸리는 사람은 거의 없다. 중국의 소수민족이나 마사이족은 농사 또는 사냥으로 운동량이 많기 때문이다.

근육을 비롯하여 사람 몸의 여러 기관에는 공통된 하나의 원칙이 있다.


* 적당하게 움직이고 활용하면 단련되고 발달된다.
* 쓰지 않으면 위축되고 파괴된다.
* 지나치게 쓰면 오히려 쇠약해진다. 다시 말해 운동은 적절하게 해야 한다는 것이다.

# 65. 적당한 운동

20대의 혈기왕성한 젊은이라도 다리가 부러져 2주일 동안 석고 붕대로 고정하고 누워 있으면 근육이 위축되어 잘 걷지 못한다. 이렇게 해서 여섯 달만 지나도 혈관이 줄어들고, 살이 빠져 몰라보게 가늘어진다. 오줌이나 담즙도 운동이나 일을 통해 부단히 움직여야 콩팥이나 방광, 담낭, 담도에 찌꺼기가 생기지 않고 깨끗이 배출된다.

건강한 사람도 누워 있거나 앉아 있는 시간이 많으면 찌꺼기들이 굳어 돌로 변해서 쌓인다. 이렇게 되면 담석증 같은 병이 생긴다. 기계도 자주 다루어야 녹슬지 않는 것처럼, 사람도 운동을 적절하게 해야 한다.

# 66. 장수의 비결

불로불사가 인간의 소망이라면 생로병사는 인간의 숙명이다.

영원히 늙지 않는 비결은 세상 어디에도 없다. 마음이 몸보다 먼저 늙는 것만 경계해도 훨씬 더 오래도록 젊음을 유지할 수 있다. 다음의 다섯 가지만 경계해도 우리는 천천히 아름답게 늙어 갈 수 있다.

### 박이후구(薄耳厚口)

귀가 얇아져서 남의 말을 듣기 싫어하고 입은 두터워져 자기 말만 쏟아내게 되는 것을 경계해야 한다.

### 망집(妄執)

사소한 일에도 자기를 투사하여 고집을 피우는 것을 경계해야 한다. 망집을 버리고 마음을 풀어 놓으면 늙지 않는다.

### 중언부언(衆言浮言)

말하고자 하는 욕심이 앞서 내용은 없고 말만 많아져 표현이 어지러워지는 것을 경계해야 한다. 욕심이 없으면 언어가 간결해지게 마련이다.

### 백우무행(百憂無行)

100가지 근심만 할 뿐 아무것도 행하지 않는 것을 경계해야 한다. 걱정이 생기면 몸을 움직여 문제를 해결해야 하는데 그리하지 않으니 몸이 늙을 수밖에 없다.

### 고안(故安)

옛것에 기대어 안주하려는 마음을 경계해야 한다. 항상 새로운 것에 대해 열려 있는 마음과 낯선 것들에 대해 관대한 태도, 그리고 끝없는 호기심이 불로의 비책이다.

인생을 바꾸고 싶다면 세 가지 버릇을 바꿔야 한다.

* 마음 버릇으로 부정적인 생각을 버리고, 항상 긍정적인 생각을 하여야 한다.
* 말버릇으로 비난과 불평을 삼가고 칭찬과 감사를 입버릇으로 만들어야 한다.
* 몸 버릇으로 찌푸린 얼굴보다는 활짝 웃는 사람이 되어야 한다.

# 67. 장수 노인의 특징

인간의 몸은 어떤 고정된 실체 혹은 정지된 것이 아니고 계속 생성, 소멸하는 소우주다.

그리스 철학자 헤라클레이토스(Heraclitus)는 강물과 인간의 몸을 비교했다. 강은 계속 흐른다. 순간에 강을 보지만 그 강은 같은 물이 아니다. 새로운 물이 시간에 따라 흐르면서 두 번 다시 오지 않는다고 했다. 인간의 몸도 이와 비슷하다. 몸은 지속적으로 창조되는 에너지시스템으로 계속 변한다. 누구나 육체적 에너지 보존, 아름다워지고 싶은 욕망, 성(性)에너지를 유지시키는 일이 건강 장수의 비결이지만 우리 몸은 끝없이 변하면서 노화가 계속된다.

* 장수하는 사람들은 최고의 입맛을 유지하고 있다. 몸이 고단할수록 마음은 더 단단해지고 입맛이 좋아진다.

* 계속 일하며 운동하는 모습이다. 일을 한다든지 운동으로 몸을 리셋하고 있다. 걷기, 근력강화운동(아령, 팔굽혀펴기, 윗몸일으키기) 등 운동으로 젊은 폐를 유지하고 있다.

* 평생 즐겁게 사람들을 만나거나 사회활동을 바쁘게 하는 생활 모습이다. 생산적 사회활동, 인간관계를 통해 고통, 고난, 사랑을

나누고 도움을 나눌 수 있는 의미의 관계를 유지한다.

 * 장수하는 사람들은 두뇌와 신경계를 잘 관리하고 있다. 지식과 지혜를 구하는 것을 게을리하지 않는다. 지혜는 자신의 경쟁력을 높이는 진주다.

 * 자신들만의 좋은 생활습관을 가지고 있다. 금연, 절주의 생활화 혹은 최고의 잠을 잘 자는 생활습관을 가지고 있다. 60대가 되었어도 50대처럼 운동은 물론 취미생활 등 좋은 생활 습관을 가지고 있다.

 * 맑은 정신(conscientious)이다. 맑은 마음은 장수에 큰 영향을 미친다. 자기 자신에 대한 엄격한 관리, 진지함, 근면함, 성실함, 사려 깊은 행동, 윤리적 도덕관이 올바른 사람이다.

 * 낙관적(optimistic)인 사람이다. 대체적으로 욕심을 조절하는 낙천적 삶이다. 낙천적인 사람은 비관적인 사람보다 스트레스를 잘 극복한다. 낙천적인 사람은 늘 미소로 타인을 감싸는 성격이어서 건강하게 장수한다는 평가이다.

 * 선천적으로 건강한 유전자들을 갖고 태어났다. 유전요인이 수명에 영향을 미치는 정도는 20~30%가량으로 보고 있다. 키는 65%가 유전되고 IQ는 40~80% 정도 영향을 미친다고 한다.

 * 자율자립을 생활화하고 있다. 하루의 의식주 생활은 물론 은행, 시장 보기 등을 남의 도움 없이 해결한다. 노인들의 자립과 자율성은 가정환경과 자신의 신체적 건강, 자신의 삶의 의지 여하에

따라 달라진다.

　* 외향성(extroverted)이 강한 사람이다. 외향적인 인간이란 많은 사람을 만나며 에너지를 받는 사람이다. 타인에게 에너지를 쏟아붓고 타인으로부터 에너지를 받아들이는 유형의 사람이다. 새로운 자극을 즐기고 자기주장이 강한 편이다.

# 68. 건강하게 오래 살려면 당장 시작해야 할 방안

고령화시대가 열리면서 건강하게 장수하는 것에 대한 관심이 갈수록 높아지고 있다. 이와 관련해 '허프 포스트(Huffpost, 미국 좌파언론)'가 소개한 건강 장수를 위한 방안을 제시한다.

### 나쁜 습관을 버려야 한다

연구에 따르면, 75세 이상의 사람이 건강한 식사법을 유지하고 흡연 같은 나쁜 습관을 버리면 그렇지 않은 사람들보다 5.4년 더 살 수 있다고 한다.

### 운동을 시작한다

운동하면 오래 산다는 것은 두말할 필요도 없다. 규칙적으로 운동하면 사람에 따라 수명이 늘어난다는 사실은 알려져 있다. 미국 흑인 여성의 경우 조깅이나 수영을 1시간 더 하면 수명이 11시간 늘어난다는 연구도 있다.

### 더 많이 웃어야 한다

많이 웃는 것과 같은 개인적 성향이 수명을 좌우한다.

## 긍정적으로 살아야 한다

낙관주의도 역시 영향을 미친다. 연구에 따르면 95세를 넘은 사람 모두는 사교적이고, 낙관적이며 태평한 것으로 나타났다. 또한 그들은 웃는 것을 중요하게 생각하며 사교의 폭도 넓다. 또한 감정을 숨기기보다 드러낸다.

# 69. 젊음을 유지하는 비결

* 필요 없는 숫자는 던져 버려야 한다. 나이, 몸무게, 키 같은 것
들이다. 그런 염려는 의사들에 맡겨야 한다. 그래서 그들에게 돈을
지불하는 것이다.

* 명랑한 친구들만 사귀여야 한다. 시무룩한 사람들은 너를 끌어
내린다.

* 계속 배워 가야 한다. 공예나, 정원 가꾸기나 무엇이든지 계속
배워 가야 한다. 두뇌가 일없이 가만히 있지 않게 하여야 한다. 일
없는 머리는 악마의 일터가 된다. 그 악마의 이름은 치매이다.

* 간단한 일들을 즐겨야 한다. 집 청소나 온실관리, 마당 청소,
골목청소 등 늘 움직여야 한다.

* 종종 길게 웃고 크게 웃어야 한다. 숨이 막힐 때까지 웃어야
한다.

* 좋아하는 것들로 주변을 둘러싸야 한다. 가족이든, 애완동물이든, 기념품이든, 음악이든, 초목들이든, 취미든, 그 어떤 것이든 내 집이 내 피난처라는 것을 잊지 말아야 한다.

* 건강을 소중히 여겨야 한다. 건강하면 계속 건강을 유지하고, 건강하지 못하면 건강하도록 애쓰고, 혼자 힘으로 힘들면 도움을 받아야 한다.

* 죄의식에 사로잡히지 말아야 한다. 백화점으로 놀러가든지, 이웃 동네나 해외로 여행을 갈지라도, 죄악이 있는 곳에는 가지 말아야 한다.

* 사랑하는 자에게는 기회 있는 대로 사랑한다고 말하여야 한다. I love you.

# 70. 각 나라별 건강 한마디

* 사람들은 병 때문이 아니고, 치료 때문에 죽는다.(프랑스)

* 음식을 충분히 소화해 내는 사람에겐 불치병이 없다.(인도)

* 건강과 다식(多食)은 동행하지 않는다.(포르투갈)

* 건강과 젊음은 잃고 난 뒤에야 그 고마움을 알게 된다.(아라비아)

* 건강을 이기는 장사는 없다.(일본)

* 건강한 자는 모든 희망을 안고, 희망을 가진 자는 모든 꿈을 이룬다.(아라비아)

* 건강할 때는 병들었을 때를, 조용한 날에는 폭풍의 날을 잊어서는 안 된다.(영국)

* 병은 말을 타고 들어와서 거북이를 타고 나간다.(네덜란드)

* 병을 숨기는 자에게는 약이 없다.(에티오피아)

* 병을 알면 거의 다 나은 것이다.(영국)

* 병을 앓는 사람은 모두 다 의사이다.(아일랜드)

* 우유를 마시는 사람 보다 우유를 배달하는 사람이 더 건강하다.(영국)

* 의사가 병을 고치면 해가 보고, 의사가 환자를 죽이면 땅이 숨긴다.(미국)

* 하루에 사과 한 개씩을 먹으면 의사가 필요 없다.(영국)

* 훌륭한 외과의사에게는 독수리 같은 눈, 사마귀 같은 마음, 그리고 여자의 손이 있어야 한다.(영국)

* 건강에 대한 지나친 걱정만큼 건강에 치명적인 것은 없다.(미국)

* 좋은 아내와 건강은 최고의 재산이다.(영국)

* 공짜로 처방전을 써 주는 의사의 충고는 듣지 마라.(아라비아)

* 걸으면 병이 낫는다.(스위스)

# 71. 늘 위태로운 삶

병원에서는 죽음을 앞둔 사람들이 넘쳐 나고, 장례식장에서는 줄지어 생자와 망자가 이별을 나눈다. 우리 삶은 늘 생로병사의 드라마가 동시다발로 벌어지고 있다. 이 우주는 한순간도 멈춤 없이 성주괴공(成住壞空)을 되풀이하고 있다. 공자(孔子)는 늘 자신이 인간임을 잊지 않고 끝까지 인간으로서 도달할 수 있는 해답을 궁구했다. 난세를 살았던 그는 생의 극심한 고통에 대한 해법을 시경(詩經)에서 제시하고 있다. 낙이불음(樂而不淫, 즐기되 음란하지 않고)하고 애이불상(哀而不喪, 슬퍼하되 마음 상하지 않는다)이라고 역설한다. 나에게나 다른 누군가에게 어떤 극심한 불행이 다가오면 슬퍼하되 마음이 상할 정도로는 아파하지 말라는 것이다. 어떠한 고초 속에서도 생명은 명으로 이어져야 하고, 생은 주어지는 대로 끝까지 살아 내야 한다는 것이다.

그러면 이렇게 늘 위태로운 삶을 우리는 어떻게 대처하면서 살아나가야 할까? 이 문제에 대해서도 공자(孔子)의 해법을 참고할 만하다. 전전긍긍(戰戰兢兢, 두려워 벌벌 떨듯 조심하기를), 여림심연(如臨深淵, 마치 깊은 못을 마주한 것처럼), 여리박빙(如履薄氷, 마치 살얼음을 밟는 것처럼)하라.

공자(孔子)는 일상의 사소함 속에 도사리고 있는 생의 온갖 위태로움을 꿰뚫어 보고 이런 말을 한 것이다. 생명은 놋그릇처럼 지독히 질기기도 하지만, 한편 질그릇처럼 금방 박살이 나기도 한다. 오늘도 누군가는 밥을 먹다가 숨이 막혀서 죽고, 화장실에서 볼일을 보다가 뇌출혈이 되고, 계단에서 넘어져 갑자기 반신불수가 되는 것이 우리 삶의 현실이다. 그저 삶의 실상을 일단 알았으면 마치 깊은 못을 마주한 것처럼, 마치 살얼음을 밟는 것처럼 조심조심 살아야 한다.

# 72. 스트레스에 명약이 있습니다

정신의학계의 '스트레스의 大家'로 한스 셀리(hans seyle, 내분비학자)가 있다. 그는 1958년 스트레스 연구로 노벨 의학상을 받았다. 캐나다 출신인데, 고별 강연을 하버드 대학에서 했다. 하버드 강당에는 백발의 노교수들이 빽빽이 들어섰다. 강연이 끝나자 기립 박수도 받았다. 강연이 끝나고 내려가는데 웬 학생이 길을 막는다. "선생님, 우리가 스트레스 홍수 시대를 살고 있는데 스트레스를 해소할 수 있는 비결을 딱 한 가지만 이야기해 주십시오." 그러자 그는 딱 한마디를 대답한다.

"Appreciation!" 감사하며 살라는 그 말 한마디에 장내는 물을 끼얹은 듯 조용했다. 감사만큼 강력한 스트레스 정화제가 없고, 감사만큼 강력한 치유제도 없다. 종교인이 장수하는 이유 중 하나는 그들은 범사에 감사하기 때문이다. 작은 일이나 하찮은 일에도 하느님께 감사드리는 이 자세가 종교인이 장수하는 비결로 의학에서는 증명하고 있다. 감사하는 마음속에는 미움, 시기, 질투가 없다. 참으로 편안하고 마음이 그저 평온하면서 우리가 뇌 과학적으로 말하면 이러는 순간 세로토닌이 펑펑 쏟아진다고 한다. 세로토닌이 건강체를 만든다. 이렇게 감사라는 것이 인간을 그저 편안하게 하고 몸과 마음을 건강하게 한다.

## 73. 젊음은 나이가 아니라 마음이다

젊음은 나이가 아니라 마음이다. 장밋빛 두 뺨, 앵두 같은 입술, 탄력 있는 두 다리가 젊음은 아니다. 강인한 의지, 풍부한 상상력, 시들지 않은 열정이 곧 젊음이다. 젊음이란 깊고 깊은 인생의 샘물 속에 간직한 신선미 바로 그 자체다. 젊음은 눈치 빠르게 행동하는 것이 아니라 어려움을 뚫고 나가는 기백이다. 젊음은 무임승차가 아니라 스스로 개척하는 길이다. 숙이면 부딪히는 법이 없다. 배우자의 장점은 나팔로 불고 단점은 가슴에 소리 없이 묻어야 한다.

늘어 가는 나이테는 인생의 무게를 보여 준다. 그만큼 원숙해진다. 늙음은 새로운 원숙이다. 비록 늙어 가지만 낡지는 말아야 한다. 사람은 늙어 가는 것이 아니라 좋은 포도주처럼 세월이 가면서 익어 가는 것이다. 얼굴은 인생의 성적표이다. 짜증, 불안, 우울을 담고 있다면 인생의 낙제점을 만인에게 공개하는 것이다.

# 74. 유에스 뉴스 앤 월드 리포트(U.S. News & World Report)가 추천하는 장수 비결

* 일을 그만두지 말아야 한다. 불가피하게 현업에서 은퇴하더라도 꾸준히 일을 해야 한다. 직장에서 정년퇴임한 뒤에도 작은 농장에서 일하거나 채소나 과일을 경작하는 것도 하나의 방법이다.

* 매일 치간 칫솔 사용을 습관화하여야 한다. 잇몸병을 일으키는 구강 내 박테리아의 감소를 돕는다. 이들 박테리아는 심장병의 원인이 될 수 있기 때문에 치간 칫솔을 사용해 청결하게 하는 것이 요구르트나 등산보다도 더 중요하다.

* 운동은 필수다. 운동은 차량의 윤활유 같은 것이다. 운동은 신체의 활력뿐 아니라, 정신적 안정 등에도 큰 도움을 준다.

* 섬유질이 풍부한 음식으로 아침식사를 하여야 한다. 아침에 섭취하는 섬유질 곡물의 중요성은 더 말할 필요가 없다. 굳이 얘기하자면 노화를 촉진시키는 당뇨병을 막는 데 너무너무 중요하다.

* 하루에 최소 6시간은 자야 한다. 잠에 절대로 인색하지 말라.

수면은 신체의 조절 능력을 향상하고 세포를 치료하는 가장 중요한 기능 중 하나다.

 * 간식을 피하여야 한다. 간식은 모든 병의 근원이 되기도 한다. 제때 식사하고 간식을 금하는 것이 중요하다. 특히 영양소가 없는 흰색 음식물, 즉 빵과 밀가루, 설탕은 아예 피하는 것이 좋다.

 * 할 수 있는 한 스트레스를 없애야 한다. 스트레스는 곧 신경과민으로 연결된다. 자주 웃고 근심을 떨쳐 버려야 한다.

 * 습관의 동물이 되어야 한다. 나이가 들면 들수록 생리기능은 약해질 수밖에 없다. 따라서 잠자는 시간을 놓치거나 하면 노화는 촉진된다. 규칙적인 생활을 해야만 오래 살 수 있다.

 * 피해야 할 건 철저히 피하여야 한다. 지나친 알코올, 흡연, 단 것의 섭취 등이다.

 * 접촉을 유지하여야 한다. 나이를 먹는다고 해서 친구들과 사랑하는 이들로부터 멀어지면 안 된다. 오히려 강한 유대를 갖는 것이 장수에 필수적이다.

# 75. 노년의 행복처방

노년의 행복처방은 우선 일상을 즐기는 것이다. 일상을 즐기는 것은 슬기며 기술이다. 건강과 행복처방에 제일 중요한 항목이며 삶에 지장이 없는 정도의 경제력도 필요하다. 정신과 마음을 넓게 하며 감사와 긍정이 몸에 배게 하고 낙관주의자처럼 행동하며, 절대로 남과 비교하지 말아야 한다. 자기를 사랑해야 하고 조금 부족해도 나는 행복한 사람이라는 자기 최면을 걸며 살아야 한다.

가족과 이웃은 물론 자연도 사랑하며 자기관리에 철저하고 세상을 곱게 보는 슬기로운 습관에 익숙해야 한다. 지금 있는 것으로 만족하고 감사하며 늙음을 긍정하고 자연의 순리에 따르며 담담한 마음으로 어려움에도 적응하고 받아들여야 한다.

사소한 모든 잡다한 일에도 행복의 의미를 부여하고 행복과 즐거움을 결코 미루지 말아야 한다. 행복한 생각과 행복한 마음을 가지고 행복한 것처럼 행동하면 노년이 행복해진다.

# 76. 불안과 초조가 단명을 만든다

거북의 수명은 보통 200년이라고 한다. 거북은 초조함을 모른다. 소나기가 쏟아지면 머리를 몸 안으로 집어넣는다. 햇볕이 따가우면 그늘에서 잠시 쉬어 간다. 유순하고 한가로운 동물은 장수한다. 그러나 맹수는 단명한다. 사람도 마찬가지이다. 화를 잘 내고 성급한 사람들 중 장수하는 사람은 거의 없다.

독일의 한 탄광에서 갱도가 무너져 광부들이 갱내에 갇혔다. 외부와 연락이 차단된 상태에서 1주일 만에 구조되었는데 사망자는 단 한 사람, 시계를 찬 광부였다. 불안과 초조가 그를 숨지게 한 것이다.

모든 것은 우리들 마음먹기에 달려 있다. 과거는 지나간 오늘이며 내일은 아직 다가오지 않은 오늘이다. 인생의 시제는 늘 '현재'여야 하고 삶의 중심은 언제나 '오늘'이어야 한다. 낙관적이고 희망적인 의지를 가지고 살아야 한다. 비관과 절망이 죽음에 이르는 병이라면, 낙관과 희망은 건전한 삶에 이르는 길이다. 두려워하지 말아야 한다. 오늘도 우리는 절대 기죽지 말고 살아가야 한다.

# 77. 노후의 친구

노후의 친구는 가까이 있어야 하고 자주 만나야 하며 같은 취미면 더 좋다.

회갑잔치가 사라지고, 인생칠십고래희(人生七拾 古來稀)라는 칠순잔치도 사라져 간다.

인생백세고래희(忍生百世古來稀)가 정답이 된 바야흐로 초고령화시대이다. 60대는 노인 후보생이고, 70대는 초로(初老)에 입문하고, 80대는 중노인(中老人)을 거쳐, 망백(望百)의 황혼길 어둠 속으로 사라지는 인생이다. 장수가 좋기는 하다. 그러나 아족부행(我足不行, 내 발로 못 가고), 아수부식(我手不食, 내 손으로 못 먹고), 아구부언(我口不言, 내 입으로 말을 못 하고), 아이부청(我耳不聽, 내 귀로 못 듣고). 아목부시(我目不視, 내 눈으로 못 본다)의 한계 상황에 봉착할 수도 있다. 이렇게 되면 살아도 사는 게 아니다. 죽을 맛이다. 그래서 첫째도 건강, 둘째도 건강, 건강이 최고의 가치이다.

# 78. 누우면 죽고 걸으면 산다

일일일선(一日一善), 십면(十面), 백서(百書), 천독(千讀), 만보 (萬步)란 말이 있다. 하루에 한 가지 선한 일을 하고 열 사람을 만 나 덕담을 나누고 백 글자를 쓰고 일천 글자 이상의 글을 읽으며 일만 보를 걸으라는 것이다. 이런 삶이 건강장수의 길이고 이상적 삶이다.

우리는 습관적으로 눕기를 즐겨 한다. 피곤하다고 눕고 아프다 고 눕고 졸린다고 눕는다. 그러나 필요 이상으로 누우면 몸은 점점 더 약해지고 의지력도 약해진다. 이를 극복하기 위해서는 열심히 걸어야 한다. 그래서 "누우면 죽고 걸으면 산다."는 말이 나오게 된 것이다. 인류는 수만 년 동안 산과 들을 걸으며 살아왔다. 그런 데 전기가 발견되고 자동차가 나오고 도시가 커지면서 걷는 시간 이 점차 줄어들었다. 그러면서 체력이 떨어지고 각종 성인병이 생 겨나면서 소위 문명병이란 말이 나오게 되었다. 나이 들어 가면서 고혈압 아닌 사람이 적고 당뇨병 없는 사람이 오히려 적은 처지에 이르고 있다. 이런 상황을 극복하여 나가려면 다른 길이 없다.

바르게 먹는 정식(正食), 바르게 생각하는 정사(正思), 바르게 움 직이는 정동(正動)이다.

# 79. 결혼

결혼은 두 남녀가 성인(成人)이 되었음을 뜻한다. 동시에 성인 (聖人)의 길에 들어섰음을 의미한다. 눈이 오나 비가 오나 변심 없이 죽는 날까지 사랑하는 것이다. 죽는 날까지 사랑하되 하루하루 더 사랑하는 것이다. 그것이 가정과 사랑을 지켜 가는 길이며 성인 (聖人)의 길이다. 아내는 행복한 부부가 되려면 결코 남편을 충고하지 말고 비판하지 말고 멸시하지 말아야 한다. 그리고 조용히, 정말 조용히 칭찬을 하여야 한다. 남편은 평화를 원한다면 결코 아내를 나무라지 말고 무시하지 말고 비교하지 말아야 한다. 그리고 욕하지 말고 조용하게 정말로 부드럽게, 사랑한다고 말을 하여야 한다.

부부생활을 하다 보면 부부 서로가 상처를 받거나, 상처를 주는 경우가 비일비재하다. 혹시 배우자에게 상처를 주었다면 바로 인정하고, 용서를 구하고, 행동으로 보상하여야 한다. 그리고 배우자로 부터 상처를 받았다면 먼저 자신이 느낀 감정을 진지하게 받아들이고 화가 났다는 것을 배우자에게 알려야 한다. 진정한 화해는 부부 두 사람에게 용기가 필요하다.

천국에서 사용하는 일곱 가지 언어가 있다. '미안해요' '괜찮아요'

'좋아요' '잘했어요' '훌륭해요' '고마워요' '사랑해요'이다. 부부가 대화할 때 천국의 언어들을 많이 사용하도록 더욱 노력해야 한다. 함께하는 노년기 부부는 일곱 가지 천국언어를 더욱더 자주 사용해야 한다.

# 80. 잘 사는 삶에는 일정한 공식이 있다

성공적인 노후로 이끄는 열쇠는 지성이나 지위(계급)가 아니라 인간관계이다. 47세까지 형성된 인간관계가 그이후의 생애를 결정하는 데 가장 중요한 변수가 된다. 65세까지 잘 살고 있는 사람의 93%가 이전의 형제자매와 원만하게 지낸 사람들이었다. 상대를 늘 배려하고 이해해 주는 사람, 대화할 때도 자기 이야기는 최대한 짧게 하지만, 상대방 말에는 맞장구를 쳐 주며 하나 됨을 느끼게 한다. 아내란 청년에겐 연인이고 중년에겐 친구이며 노년에겐 간호사이다.

인생 최대의 행복은 아마 부도 명예도 아니다. 부부가 사는 동안 지나침도 모자람도 없는 사랑을 나누다가 "난 당신 만나 참 행복했소!"라고 말하며, 부부생활에 마침표를 찍을 수 있도록 되어야 한다. 건강하고 아름다운 부부 되기 공부를 계속해 나가야 한다.

# 81. 아내는 가정의 주춧돌이다

어느 날 중년부부가 경봉(鏡峰) 스님을 찾아와 인사를 하자 부인에게 물었다. "아이는 몇 명인가?" "셋입니다." "아이쿠, 세 번 죽다가 살았구먼, 그래. 남편이 반지 해 주던가?" 부인이 웃으며 고개를 숙이자 남편에게 말했다. "반지 해 주면서 데리고 살게나. 여자에게는 옷과 패물과 알록달록 채색하길 좋아하는 천성이 있으니 가장은 아내에게 마땅히 패물을 해 줘야 한다네. 모두 마누라 덕에 살아가는 거니 자주 업어 주고."

그리고 부인에게 당부하였다.

"아내는 부드럽고 평화롭고 착하고 유순해야 하네. 오직 가장의 좋은 점만 생각해야지. 하찮은 면을 마음에 담아 두어서는 안 되네. 남편이 과거에 잘해 준 것은 모두 잊어버리고 잘못하는 게 있으면 가슴에 착착 접어 두었다가. 한두 달 후에 또 허물을 지으면 그전에 접어 두었던 것까지 한꺼번에 쏟아놓아서 남편의 마음을 뒤집어 놓는 부인네들이 있어. 그렇게 되면 남편과의 거리만 멀어지고, 녹이고 풀어야 할 매듭은 점점 견고해지기만 할 뿐이지. 남편이 화를 내더라도 맞받아 싸우지 말고 오히려 '잘못했어요. 다시는 안 그럴게요.'라고 해 보게나. 그 말 한마디면 맺힌 것이 녹아내리고 일체의 시비가 끊어지는 것이야. 가장과 싸우면서 억세게 소리를 냅다 지르고 분을 참지 못해서 이를 가는 부인네들도 있네만, 그런 가정은 가장이 일찍 죽거나 재난이 쌓이게 마련이지. 주부는 가정의 주춧돌이니, 자네가 집을 단단히 받치고 있지 않으면 가정이 무너지고 만다는 사실을 부디 명심하게나."

유(柔, 부드럽고), 화(和, 평화롭고), 선(善, 착하고), 순(順, 유순한)한 마음을 가져야 한다. 부처님께서는 이 세상에서 유화선순(柔和善順)보다 더 큰 힘은 없다고 하였다. 아무리 강한 것이라도 부드러운 것은 이기지 못하고, 투쟁은 평화로움을 넘어서지 못하며, 이기심은 선한 마음을, 약삭빠름은 유순함을 따라잡을 수 없다. 부부의 행복 가꾸기, 그 핵심은 유화선순의 삶을 실천하는 것이다.

# 82. 노년기의 십계명

* 당황하거나 성급해하지 말고 뛰지 말아야 한다.

* 자식들이 무엇을 해 줄까 기대하지 말아야 한다.

* 고집부리지 말아야 한다.

* 시샘하지 말아야 한다.

* 공치사하지 말아야 한다.

* 날마다 샤워하여야 한다.

* 이발이나 파마를 자주하여 멋을 내어야 한다.

* 많이 듣고 말을 적게 하고 많이 공부하여야 한다.

* 많이 움직이고 많이 걸어야 한다.

* 욕심을 줄이고 나누어 주어야 한다.

# 83. 100세인들의 자화상 (1)

　장수에 가장 필요한 것은 진정한 인간관계이다. 지구상에서 100세 이상 노인이 많거나, 기대수명이 길거나, 암 · 치매 발생률이 낮은 곳으로 선정된 '세계 5대 블루존(Blue Zone)'은 그리스 아카리아, 일본의 오키나와, 미국의 캘리포니아주 로마 린다, 코스타리카 니코야반도, 이탈리아 사르데냐이다.

　그중 사르데냐의 장수 비결은 '사회적 교류'라고 분석하고 있다. 그들이 건강한 이유는 저지방식이나 글루텐 프리 식품 때문이 아니라 사람들과의 가까운 관계 때문이라는 것이다. 행복하고 건강하게 장수하고 싶다면 사람들과 얼굴을 마주하는 시간을 늘릴 방법을 찾아야 한다. 이제 100세 시대는 현실로 다가 왔고, 많은 미래학자가 머지않아 120세 시대가 온다고 예고하였다. UN은 지구촌에 100세 이상 인구가 2030년에 처음으로 100만 명에 도달하고, 이어 2045년에는 230여 만 명을 기록한 뒤, 2050년에 들어서면 316만 명을 넘어설 것으로 전망한다. 대개 장수인들은 자신의 건강에 대해 상당한 자신감을 가지고 있다.

　대부분이 자신이 여전히 건강하다고 여긴다. 보약이나 영양제, 건강식품 등을 복용한다는 경우는 30%에 불과했으며, 이 또한 지속적으로 섭취하는 것도 아니다. 잘 먹고 잘 자고 활발하게 움직이는 것, 규칙적이고 건강한 생활 패턴이 당당한 노년을 살아가는 비결이다.

# 84. 100세인들의 자화상 (2)

100세인의 공통 특징은 긍정적인 마음이다. 전향적이고 낙관주의이다. 산다는 것은 곧 움직이는 일이다. 의식이 살아 있는 한 움직이기를 멈춰서는 안 된다. 나이가 들면 몸의 노화가 시작되면서 과거보다 기력이 쇠하고 기억력도 다소 깜깜하게 된다.

100세인들의 삶에 대한 자세는 모두 대단히 긍정적이고 적극적인 삶의 의지와 함께 능동적인 생활태도를 유지한다. 장수에 이르는 길이란 결국 마라톤처럼 끈기 있게 부단히 노력해야 하는 일이다. 백 살이 넘어서도 당당하게 살고 계신 분들은 인생의 마지막까지 지혜와 지식의 열정을 지키고자 하는 삶의 자세를 가지고 있다. 황희는 87세까지 정승의 자리에 있었고 송시열, 허목도 여든이 넘은 고령임에도 명재상과 대학자로서의 풍모를 견지하였다.

# 85. 100세인들의 자화상 (3)

100세인들의 모습은 적어도 움직일 수 있는 몸 상태라면 누구 하나 예외 없이 성실하고 부지런하게 움직이며 살고 있다. 백 살이 되더라도 오키나와 100세 할머니들은 매일 새벽마다 조상 묘를 찾아가 위패를 깨끗하게 모시고, 사르테나 장수인들은 매일 양떼를 몰고 산에 올라 가축을 키우며 가족의 생계를 지킨다. 이누이트 장수인들은 후손들에게 험난한 북극의 한파 속에서 생존하는 비법을 전수하고, 제주도의 장수인들 역시 쉼 없이 밭일을 멈추지 않는 삶을 살고 있다.

세계 어디서나 장수인 들은 오늘도 '카르페 디엠(carpe diem, 이 순간에 충실하라는 뜻의 라틴어)'을 실천하며 100세가 되어도 내가 해야 할 일을 하여야 한다는 신념이 100세인을 움직이게 하는 동력이 되었고, 이것이 중요한 장수의 비밀이다. 100세인은 뚜렷한 목적이 없고 무기력하며 독선적이라고 하는 정형화된 고령자상과는 거리가 멀며 정신적으로 안정되고 두뇌가 유연하며 순응성이 풍부하여 우울증에 빠지는 경우가 드물다. 장수자에게 공통적인 것은 독립독보의 성격이다. 그들은 자기 효능감, 자기가 유용하다고 하는 자각, 자존심을 지니고 곤란에 도전하면서 체념하지 않고 이유나 용기, 의지를 찾을 수 있는 것이다.

# 86. 노년의 평안

백년을 함께 살자고 맹세했던 부부는 오랜 세월을 살아오면서 어쩔 수 없이 식어 가는 사랑을 바라보며 노년을 보낸다. 가족을 너무 의지하지 말아야 한다. 나 아닌 다른 사람을 의지하는 건 절대 금물이다. 자신의 노년은 그 어느 누구도 대신해 주지 않는다. 자신의 것을 스스로 계발하고 스스로 챙겨야 한다. 반드시 한두 가지의 취미를 가져야 한다. 산이 좋으면 산에 올라 도토리를 줍고, 물이 좋으면 강가에 앉아 낚시를 하여야 한다. 운동이 좋으면 눈 쌓인 공원길을 산책하고, 책을 좋아하면 열심히 책을 읽고 글을 써야 한다. 좋아하는 취미 때문에 식사 한 끼 정도는 걸러도 좋을 만큼 집중력을 가지고 즐겨야 한다. 그 길이 당신의 쓸쓸한 노년을 의미 있게 보낼 수 있는 중요한 비결이다.

자식들에게 너무 기대하지 말아야 한다. 부모를 만족시켜 주는 자식은 그렇게 많지 않다. 기대가 큰 자식일수록 부모의 마음을 아프게 한다. 자식에게서 받은 상처나 배신감은 큰 상처로 남는다. 자식들의 영역을 침범하거나 간섭하지 말아야 한다. 자식들은 그들이 살아가는 삶의 방식이 따로 있다. 도를 넘지 않는 적당한 관심과 적당한 기대가 당신의 노년을 평안의 길로, 행복의 길로 인도한다.

# 87. 노년을 비단처럼 곱게 보내자

여자는 혼자 살아도 남자는 추해서 혼자 못 산다. 아들이 커지면 남남, 군대 가면 손님, 장가가면 사돈, 돈 잘 벌면 사돈의 아들, 빚 진 아들은 내 아들이란다. 자녀를 출가시키면 장가간 아들은 큰 도둑, 시집간 딸은 이쁜 도둑, 며느리는 좀도둑, 손자들은 떼강도란다. 자녀에게 재산을 안 주면 맞아 죽고, 반만 주면 쫄려 죽고, 다 주면 굶어 죽는 단다. 여자가 남편을 집에 두고 다니면 근심 덩어리, 데리고 나가면 짐 덩어리, 마주 않으면 원수 덩어리, 혼자 내보내면 사고 덩어리, 며느리에게 맡기면 구박 덩어리라니 건강하게 오래 살면 다행이지만, 건강하지 못하고 병들어 오래 살면 어찌하나 근심 걱정이 크다.

이야기를 주고받을 수 있는 가까운 친구를 만들고 혼자 사는 법을 읽혀야 한다. 진정 마음을 나눌 수 있는 함께할 벗이 있고, 혼자 살 수 있다면 노년은 비단 치마에 그림을 그려 놓은 것처럼 아름다워질 것이다

# 88. 바람직스러운 노화

영국의 노인 심리학자 브롬리가 "인생의 4분의 1은 성장하면서 보내고, 나머지 4분의 3은 늙어 가면서 보낸다."라고 했듯이 늙어 가는 시간은 길고 중요하다. "사람이 아름답게 죽는다는 것은 여간 어려운 일이 아니다. 그러나 그보다 더 어려운 것은 아름답게 늙어 가는 일이다."라고 앙드레지드(André Gide)가 말했듯이 아름답고 행복하게 늙어가는 것은 쉽지 않다. 웰에이징(Wellaging)하기 위해서는 먼저 일과의 관계가 중요하다.

나이 들면 들수록 열정을 잃지 않아야 한다. 세계 역사상 최대 업적의 35%는 60세부터 70세 노인들에 의하여 이루어졌고, 23%는 70~80세 노인, 그리고 6%는 80대에 의하여 성취되었다고 한다. 결국 역사적 업적의 약 64%가 60세 이상의 사람들에 의하여 성취되었다는 이야기이다.

괴테(Goethe)가 〈파우스트〉를 완성한 것도 여든이 넘어서였고 칸트(Kant, I.)는 쉰일곱 살 때 〈순수이성비판〉을 발표했다. 아인슈타인(Einstein)이나 슈바이처(Schweitzer) 역시 노경에서도 창조적인 일을 많이 했다.

# 89. 인간관계

나이가 들면서 초라하지 않으려면 대인관계를 잘 가져야 한다. 미국 카네기멜론 대학에서 인생에 실패한 이유에 대한 조사를 했다. 조사 결과 인생에서 실패한 이유가 전문적인 기술이나 지식이 부족했다고 답변한 사람은 15%에 불과했다. 나머지 85%는 잘못된 인간관계라고 꼽았다. 그만큼 인간관계는 살아가는 데 중요한 부분을 차지한다는 이야기이다.

나이가 들면서 사람은 이기주의(egoism)가 강해진다. 노욕이 생긴다. 모든 것을 자기중심적으로 생각한다. 그래서 폭군 노릇을 하고, 자기몰입 나르시시즘(narcissism)에 빠질 수 있다. 염세적이고, 운명론적인 생각이 지배하는 페이탈리즘(fatalism)에 빠질 수 있다. 이런 사람의 대인관계는 초라할 뿐이다. 결국 인간관계는 중심축이 무엇이냐에 따라 달라진다. 물질 중심의 인간관계를 갖는 사람은 나이 들면 들수록 초라해지고 일 중심, 나 중심의 인간관계를 갖는 사람 역시 마찬가지이다. 그러나 다른 사람 중심의 인간관계를 갖는 사람은 나이 들면서 찾아오는 사람이 많이 있다. 따르는 사람이 많다.

# 90. 나이 드는 것을 걱정하지 마라

시간이 갈수록 우리의 삶은 발전한다. 나이가 들고 몸이 늙는다고 해서 인생이 쓸쓸해지는 것은 결코 아니다. 시간이 흐르면서 고통스러웠던 기억은 희미해지고 경험은 지혜가 된다. 분노는 수그러들고 마음은 넓어진다. 시간의 힘을 긍정적으로 보고 그 흐름을 즐기면 인생은 자연히 행복해진다. 오히려 시간의 흐름을 부정적으로 보고 역행하려 애쓸수록 삶은 고달파지고 행복은 멀어진다.

# 91. 웰에이징(Wellaging)

스티브 잡스(Steve Jobs)는 "죽음은 우리 모두가 공유하는 삶의 도착지이며 아무도 피해 갈 수 없는 숙명."이라고 말했다. 그는 죽음은 삶에 있어서 가장 훌륭한 발명품이고 낡고 오래된 것을 치워 버리고 새로운 것에 길을 열어 주라고 하면서 삶에도 끝이 있으니 인생을 낭비하지 말기를 강조한다. 또한 소걀 린포체는 죽음이란 실재하는 것이고 예고 없이 불쑥 찾아온다는 사실을 깨닫는 것이 중요하다고 말하고, 삶이 얼마나 소중한지 아는 사람은 삶이 얼마나 부서지기 쉬운지 이해하는 사람이라고 강조한다. 그는 그렇기 때문에 삶을 단순화하고 집착에서, 영원함에 대한 생각에서, 그릇된 열정에서 벗어나라고 충고한다. 특히 평온한 죽음은 가장 본질적인 인간의 권리로서 투표권이라든가 사회정의보다 더 중요하며 이를 위해 의사와 주변 가족들이 함께 노력해야 한다고 호소한다.

죽음은 늘 우리 곁에 있는 삶의 일부이다. 잘 사는 문제, 웰빙(Well-Being)만큼이나 중요한 게 잘 죽는 것, 웰다잉(Well-Dying)이다. 웰다잉 없는 웰빙은 공허하다. 사람이 사람답게 사는 것을 '웰빙(Wellbeing)'이라고 한다면, 사람이 사람답게 죽는 것을 '웰다잉(Welldying)'이라고 하며, 사람이 사람답게 늙는 것을 '웰에이징

(Wellaging)'이라고 한다.

# 92. 황혼부부의 수칙

부부의 정을 저축하여야 한다. 부부는 나이가 들수록 부부가 함께할 시간이 크게 늘어난다. 젊었을 적에 갖지 못했던 이런 시간이 노년기에 갑자기 갖게 되어 당혹감을 갖고 감당하지 못하여 황혼이혼하는 경우가 있다. 노후엔 자식의 중심에서 부부의 중심으로 바뀔 것을 인식하고 더 늙기 전부터 부부만의 시간을 갖는 법에 대하여 익숙해져야 한다.

 * 일주일에 한 번은 대화의 시간을 가져야 한다.
 * 공동의 취미를 가져야 한다. 등산, 게이트 볼, 자전거 타기 등의 활동을 통하여 공감대를 이룰 수 있어 부부간의 정이 더욱 깊어진다.
 * 따뜻한 관심을 보여야 한다. 나이 70이 되면 같은 집에 살아도 전날 밤에 배우자가 어느 방에서 잤는지도 모른다고 한다.
 * 입으로 애정을 표현하여야 한다. 애정표현이 인색할수록 마음도 굳어진다. 나이가 들어서도 자신이 상대방을 사랑하고 있음을 자주 많이 표현해야 한다.
 * 배우자의 건강을 먼저 보살펴야 한다. 아픈 곳을 챙겨 주는 것

만큼 고마운 것은 없다. 배우자가 아플 때일수록 가장 가까이 가서 자리를 지켜 주고 건강에 관심을 가져 주어야 한다.

\* 집안일을 함께하여야 한다. 집안일을 부부가 역할을 분담하여 정해진 날에 함께하면 부부가 함께한 일의 보람이 곳곳에서 드러날 때 큰 보람을 느낄 것이다.

\* 부부만의 공간을 만들어야 한다. 집안 식탁이나 거실이라도 좋고 동네의 찻집에도 좋은 곳을 골라 부부만이 오붓이 함께 시간을 보낼 수 있는 공간을 가짐으로 중요한 일을 상의할 때나 화해하기 위한 공간으로 활용하여야 한다.

\* 지난 앨범을 함께 보아야 한다. 함께 살아온 시간이 묻어나는 앨범을 꺼내서 보면 젊은 시절 행복했던 시절을 추억하여 부부의 사랑이 더욱 돈독해질 것이다.

\* 둘만의 여행지를 만들어야 한다. 기분 전환이 필요할 때 조용히 쉬고 싶을 때 쉽게 찾아갈 수 있는 둘만의 여행지를 만들어 일상의 생활을 벗어나서 찾아가야 한다. 새로운 환경이 되면 대화의 내용과 깊이가 훨씬 풍부해질 것이다.

# 93. 곱게 늙는 것은 축복이다

 곱게 늙는 것은 축복이다. 모든 사람은 행복하게 살고, 곱게 늙고 싶은 소망을 가지고 있다. 하지만 마음대로 안 되는 것이 행복이고 곱게 늙는 것이다. 행복과 곱게 늙는 길에 걸림돌은 욕심이고 원망이며 분노다. 나이 많아서 욕심과 분노에 매이지 않고, 곱게 늙어 갈 정답을 찾는 것은 개성이 다른 각 사람의 몫일 수밖에 없다. 삶의 기본문제를 우선 스스로 해결해야 한다. 병마에 시달리지 않을 수 있는 건강과 먹고사는 문제의 고민에서 벗어나서 자신을 슬기롭게 다스릴 정신적 능력이 있어야 곱게 늙을 수 있는 기본이 구비됐다고 볼 수 있다. 늙음을 긍정하고 나이 듦이 저주가 아닌 축복으로 받아들이고 진심으로 감사하는 마음을 가져야 곱게 늙어 갈 수 있는 길에 한걸음 가까이 가게 된다.

 과한 욕심은 늙은이를 비참하게 만들고 감사가 주는 만족과 평화를 모르게 하며, 행복의 길을 막고 늙음의 깊은 신비가 주는 오묘한 즐거움에서 점점 멀어지게 한다. 늙은이가 품고 있는 원망과 분노도 사람을 병들게 하고 불행한 늙은이가 되는 중요한 원인이다. 모든 잘못을 남에게 돌리며 한을 품고 평생 억울해하며 용서하지 못하고 있는 것도 역시 근본적으로 곱게 늙어 갈 수 없게 만드는 길이다.

사랑과 감사와 만족은 곱게 늙어 갈 기초 심성을 만들고 세상을 아름답게 보게 하며 늙은이를 행복하게 만드는 슬기로운 방법이다. 아름다운 삶의 완성을 위해서는 곱게 늙고 행복하게 살아야 한다. 영겁의 시간 속에서 오직 한 번 허락한 소중하고 귀한 시간을 원망과 분노와 미움으로 소비하고 과한 욕심으로 자신을 계속 닦달하는 것은 어리석은 일이다.

늙어 갈수록 생활을 더욱 간결하고 소박하고 검소하게 하며 유유자적 마음의 여유를 가지고 사는 것은 은혜와 축복이다. 진정 오늘까지 살아 있음에 감사하며 만족하고 즐거워하며 행복하게 살아야 한다. 늙음은 축복이고 축제이다. 진정 모든 것을 사랑하고 감사하며 행복하게 살아서 곱고 멋지게 늙어 가는 것이 자연의 섭리고, 하늘의 큰 뜻에 순응하는 것임을 알아야 한다. 특히 노년기 부부는 더욱 행복하게 살아야 하고 곱게 늙어야 한다.

# 94. 실버여! 멋진 나날이 되어야 한다

평생 '갑'으로 살아온 사람들일수록 노년이 되면 더 외롭게 지내는 경우가 많다. 항상 대우만 받고 남들이 만나자고 하는 약속만 골라서 만났기 때문이다. 우연히 마주친 친구와 '언제 한번 만나자.'는 말로 돌아설 것이 아니라 그 자리에서 점심 약속을 잡는다. 아니면, 그다음 날 전화나 이메일로 먼저 연락하자고 한다. 안 그럼 영영 사람 만날 기회를 놓치고 결국, 평생 외롭게 된다.

우(友)테크 10훈(訓)이 있다.


* 일일이 따지지 말아야 한다.

* 이 말 저 말 옮기지 말아야 한다.

* 삼삼오오 모여서 살아야 한다.

* 사생결단 내지 말아야 한다.

* 오! 예스 하고 받아들여야 한다.

* 육체 접촉을 자주해야 한다.

* 7할만 이루면 만족해야 한다.

* 팔팔하게 움직여야 한다.

* 구구한 변명을 늘어놓지 말아야 한다.

\* 10%는 베풀면서 살아야 한다.

삶은 간단명료하다. 살아 있을 적에 인생을 즐겨야 한다. 상쾌한
마음으로 시작하고, 더 많이 웃고, 더 많이 행복하고, 더 많이 사랑
받는 멋진 나날이 되어야 한다.

# 95. 삶의 보약

* 화내지 말아야 한다. 흥분할 때마다 수십만 개의 뇌세포가 파괴된다.

* 좋은 물을 많이 마셔야 한다. 몸도 마음도 머리도 맑아진다.

* 성격을 개조하여야 한다. 낙천적인 사람은 치매에 걸리지 않는다.

* 뇌에 영양을 주는 식품을 섭취한다. 호두, 잣, 토마토, 녹차가 좋다.

* 두부, 청국장 등 콩류를 많이 섭취한다. 콩은 뇌 영양 물질 덩어리이다.

* 계란은 완전식품이다. 콜레스테롤 따위 신경 쓰지 말고 많이 든다.

* 식탁에 멸치 그릇을 놓아두고 수시로 먹는다. 멸치는 보약이다.

* 치아가 손상되면 바로 고친다. 이가 없으면 치매도 빨리 온다.

* 호두를 굴린다. 호두를 주머니에 넣고 다니며 굴리기를 한다.

* 손을 많이 쓰는 화가에게는 치매가 없다.

* 악단 지휘자는 모두 장수한다. 손을 많이 쓴다.

* 가운데 손가락을 마찰한다. 뇌가 즉각 반응한다.

* 손을 뜨거울 때까지 비빈다. 그 손으로 온몸을 마찰하면 좋다.

* 뜨겁게 사랑한다. 사랑이 뜨거우면 치매는 도망친다.

* 남을 미워하지 말아야 한다. 미움은 피에 독성 물질을 만들어 낸다.

* 잔소리하지 말아야 한다. 하는 이나 듣는 이나 다 같이 기가 소진된다.

* 짜증은 체질을 산성으로 만든다. 산성체질은 종합병원 이다. 짜증을 줄인다.

* 머리는 차게, 발은 따뜻하게 그러면 의사가 필요 없다.

* 책이나 글을 많이 읽는다. 소리 내어 읽으면 최고의 뇌 운동이다.

* 많이 웃는다. 스트레스가 만병의 원인이다.

* 글쓰기와 읽기를 생활화한다. 뇌 운동에는 그만이다.

* 많이 움직여야 한다. 몸도 마음도 활동이 멈추면 병들기 마련 이다.

# 96. 거룩한 노화

마을에서 노인들이 스스럼없이 가고 싶고 곳은 경로당이다. 경로당이 사랑을 주고받고, 지혜롭고 존경받는 공동체가 되기를 늘 희망한다. 서로 서로가 플러스 발상을 나누기를 깊이 기도하며 생활하고 있다. 지나치게 받는 것만 즐기는 수혜집단이 아니라 시혜집단이 되기를 기대한다. 건강·장수의 지름길은 사람들과 자주 만나서 잘 어울리고 긍정적 사고와 활발한 대외 활동, 부지런히 몸을 놀리고 절제하되 사람들과 끊임없이 소통해야 한다. 거룩한 생명을 거룩한 나이 듦으로 지켜 가야 한다.

단순 수명 연장시대가 아니고 진정한 '기능적 장수(functional longevity)' 시대가 이미 가까이 와 있다. 기능적 장수와 노인 독립 운동은 바로 동전 앞뒤와 같다. 나이 들어도 생의 마지막 순간까지 운동과 영양 같은 신체적 노력이 중요하고, 관계와 참여 같은 사회적으로 봉사하면서 세상에 기여하여야 한다. 장수에 이르는 길이란 결국 마라톤처럼 끈기 있게 부단히 노력해야 하는 일이다. 노화 현상에 대한 인식을 바로잡고 삶에 끊임없이 도전하는 마음을 갖도록 하는 거룩한 노화(HOLY AGE)가 노인들의 과제이다.

# 참고문헌

정홍기, 《Naver 정홍기 부부문제 상담소》, 노년 부부건강, 2022

정홍기, "공자의 도덕교육론 연구(논어를 중심으로)", 1997

김열규, 《노년의 즐거움》, 2009

정윤무, 《노년학산책 1》, 동국대학교출판부, 2014

정윤무, 《노년학산책 2》, 동국대학교출판부, 2017

박상철, 《당신의 100세 존엄과 독립을 생각한다》, korea.com, 2019

박상철, 《당신의 백년을 설계한다》, 생각속의 집, 2012

마크 아그로닌, 신동숙 옮김, 《노인은 없다》, 한스미디어, 2019

# 부부! 그 거룩한 노화

ⓒ 정홍기, 2023

초판 1쇄 발행 2023년 4월 19일
　　 2쇄 발행 2023년 7월 25일

지은이　정홍기
펴낸이　이기봉
편집　　좋은땅 편집팀
펴낸곳　도서출판 좋은땅
주소　　서울특별시 마포구 양화로12길 26 지월드빌딩 (서교동 395-7)
전화　　02)374-8616~7
팩스　　02)374-8614
이메일　gworldbook@naver.com
홈페이지　www.g-world.co.kr

ISBN　979-11-388-1817-9 (03190)